Enseigner l'entreprenariat à l'université

Enseigner l'entreprenariat à l'université

Clovis LECLERC

Docteur en droit privé

Enseignant-chercheur

Ancien membre du CNU

ISBN : 979-10-977232-2-4
EAN : 9791097723224

Du même auteur(en nom propre)

L'admissibilité du profit dans la subrogation, LGDJ, 1995, 326 pages

Notions fondamentales du droit, L'Harmattan, 2001, 208 pages

Introduction générale au droit, Volume 1, Les principes de création, de diffusion et d'application des règles de droit, Publibook, 2001, 258 pages

Introduction générale au droit, Volume 2, L'acquisition, la preuve et la protection des droits, Publibook, 2004, 258 pages

La solidarité familiale, L'Harmattan, 2004, 250 pages

Tenues de travail et management des organisations, L'Harmattan, 2006, 212 pages

Responsabilités et Indemnités, en matière d'absentéisme, Didactijuris, 2024, 225 pages

La question de la légitimité des absences au travail et ailleurs, Didactijuris, 2024, 301 pages

Méfaits et Bienfaits de l'Absentéisme, Didactijuris, 2024, 233 pages

Ressources livresques sur l'Assiduité, Didactijuris, 2024, 203 pages (en collab. Avec Christiane MAB MM)

Mots GRH des Présences et Absences, Didactijuris, 2024, 285 pages (en collab. avec Emmy Isa DEVOS)

L'absentéisme dans les métiers du care ou du soin, Didactijuris, 2024, 121 pages

L'absentéisme dans les formations, Didactijuris, 2024, 347 pages

L'Absentéisme des décideurs, hic pour Quorums et Majorités, Didactijuris, 2024, 290 pages

Le risque juridique en télémédecine, Didactijuris, 2024, 283 pages (à titre d'éditeur).

Les leviers coercitifs de l'assiduité au travail, L'Harmattan, 2025, 250 pages.

Le sous-effectif dû au personnel, Didactijuris, 2024, 449 pages, préface Jean-Yves KERBOURC'H.

L'absentéisme dans les formations, Didactijuris, 2025, 273 pages, préface de Catherine COUTURIER.

La bienfaisance préjudiciable de l'employeur, Didactijuris, 2025, 163 pages, préface Komlan ALEMAWO.

Création ou Gestion d'Entreprises et Droit, Didactijuris 2025, 260 pages, préface Denis POHÉ-TOKPA.

Préface Denis POHÉ-TOKPA

Monsieur Clotaire LECLERC offre une opportunité supplémentaire aux créateurs, aux dirigeants et aux gestionnaires d'entreprises d'approfondir leur culture juridique nécessaire à la maîtrise des arcanes du monde des affaires qui évoluent sans cesse. Le livre (« *Création ou Gestion d'Entreprises et Droit* ») qu'il aura écrit à cette fin n'est pas destiné à une lecture en une traite.

Sans nul doute, il servira surtout de *vade-mecum* à ses destinataires. De plus, compte tenu de l'Internet (et de l'I.A.) il n'est plus désormais question de mémorisation de la part des lecteurs, et moins encore de leur offrir des développements volumineux qu'ils considéreraient comme rébarbatifs.

Au demeurant dit un professeur de droit : *« Au lieu de se servir d'un code, de deux manuels, d'une encyclopédie, de blogs, de sites officiels administratifs, le juriste utilisera deux ou trois SIA incorporant notamment toutes ces sources. Les énoncés de pur droit positif – la plupart des textes de juristes – vont perdre leur valeur »* (Hervé CAUSSE, Les systèmes d'intelligence artificielle arrivent ! LPA sept. 2023, n° LPA 202 n0).

Certes, nous n'en sommes pas encore complètement là. Autrement dit, pendant quelques années encore, la société poursuivra ses missions d'instruire les jeunes de formation initiale, et d'offrir une formation professionnelle continue. Les professeurs et leurs productions intellectuelles demeureront certainement utiles.

À cet égard, le droit présente une part incompressible de difficulté. Aussi Monsieur LECLERC tente-t-il de la conjurer en donnant à son ouvrage la forme de la FAQ : il répond par avance aux questions les plus fréquemment posées.

En vérité, certaines d'entre elles ne viendront à l'esprit que dans une phase d'approfondissement de la matière ; c'est-à-dire rarement lors d'une phase de découverte spontanée des notions. C'est en tous cas dans l'espoir d'une volonté d'approfondissement des connaissances du lecteur que l'on y trouve tant de notes de renvoi qui soulignent le caractère scientifique de cette contribution. Le côté opérationnel et académique de cet ouvrage (issu de l'applicabilité immédiate des notions), aidera à l'évidence, l'étudiant classique dans son activité d'apprentissage et de révision, pour un passage d'examens.

L'auteur fait sienne la conception économiste de l'entreprise définie par la doctrine (Michel DESPAX) comme « *l'union intime de deux cellules qui en sont les composantes : la cellule économique rassemblant les éléments matériels nécessaires à l'œuvre de production, la cellule sociale composée des éléments humains nécessaires à la mise en œuvre des éléments matériels de la cellule économique* ».

La première cellule représente les ressources financières et capitalistiques (l'ensemble des capitaux mobilisés pour acquérir ou créer les éléments d'un fonds de commerce), la seconde, rassemble le capital humain qui exploite ces ressources (salariés, dirigeants).

Ce livre apporte un éclairage sur l'origine de ces éléments constitutifs de l'entreprise en insistant sur les modalités d'acquisition des éléments de la cellule économique : par l'héritage, ou bien par la solidarité (familiale, confraternelle, nationale), ou encore par une activité lucrative. Dans ce dernier cas, l'intéressé travaillera probablement pour autrui en qualité de salarié du privé ou agent public.

Mais du fait de la difficulté de se faire recruter, et par souci d'indépendance, ou encore par volonté d'innovation, il pourrait travailler à son propre compte. La constitution de l'entreprise peut se faire la reprise d'une unité préexistante ou par la création d'une entreprise ex nihilo. Encore que pour se rassurer, au lieu d'une entreprise individuelle, les créateurs songent parfois à se mettre en société dotée de la personnalité morale pluripersonnelle ou unipersonnelle.

Or, qu'elle soit individuelle ou sociétaire, la naissance d'une entreprise est subordonnée à un arsenal de conditions juridiques de forme et de fond que celui veut entrer dans le monde des affaires doit au préalable satisfaire. C'est ensuite seulement qu'il profitera des potentialités économiques existantes, tout en agissant dans le respect des règles en vigueur. L'une et l'autre de ces idées servent successivement de trame au livre de gestion juridique proposé par Clovis LECLERC.

Denis POHE-TOKPA

Doctorat en droit privé et sciences criminelles

Maître de conférences hors classe et HDR à l'Université de Bordeaux

Directeur fondateur du D.U. de droit OHADA et de l'intégration africaine

À propos de l'auteur anonyme

Le hasard des recrutements et des affectations universitaires ont fait de l'auteur un spécialiste de l'enseignement du droit à des publics qui n'envisagent point de devenir juristes. Pire, ils (se) demandent inlassablement quel peut bien être l'intérêt du droit dans leurs futures activités professionnelles.

Ce terrain hostile d'enseignement aura permis à monsieur LECLERC de développer diverses tactiques pour parvenir à intéresser ses étudiants. Avec, en vérité, plus ou moins de réussite.

Il destine son livre aux étudiants de licence, ainsi qu'aux stagiaires de la formation continue. Parce que les autorités publiques rêvent de faire de la France un pays d'entrepreneurs, les structures de formation devraient davantage forme à l'entreprenariat. C'est la boussole de l'auteur.

Sommaire

Avant-propos et Introduction

Est-il encore judicieux ou opportun de publier des livres ? La question peut-être légitimement posée compte de l'essor de l'IA. Selon un professeur de droit : *« Au lieu de se servir d'un code, de deux manuels, d'une encyclopédie, de blogs, de sites officiels administratifs, le juriste utilisera deux ou trois SIA incorporant notamment toutes ces sources. Les énoncés de pur droit positif – la plupart des textes de juristes – vont perdre leur valeur »* (Hervé CAUSSE, Les systèmes d'intelligence artificielle arrivent ! LPA sept. 2023, n° LPA202n0). Pire, l'ouvrage comporte des notes de bas de page.

Cela dit, ce livre part de l'hypothèse que les humains ont besoin d'avoir des biens matériels (et des services) pour vivre. Or par quels moyens ces avantages matériels sont-ils acquis ? Réponse : par l'héritage ; ou bien par la solidarité (familiale, confraternelle, nationale) ; ou encore par une activité lucrative. Dans ce dernier cas, l'intéressé travaillera probablement pour autrui. Il le fera alors comme salarié du secteur privé, ou comme agent public (fonctionnaire ou contractuel).

S'agissant plus précisément des étudiants destinataires de l'ouvrage, l'on sait que du fait de leur difficulté à se faire recruter, ou bien par souci d'indépendance, ou encore par volonté d'innovation, il arrive qu'ils travaillent à leur propre compte. Ce qu'ils font en continuant une entreprise déjà constituée (reprise), ou bien en se lançant dans une création ex nihilo. Encore que pour se rassurer, au lieu d'une entreprise individuelle, les créateurs songent parfois à se mettre à plusieurs, en vue de la mise en place d'une société (civile ou commerciale).

Or la démarche est subordonnée à des conditions juridiques. Effectivement, la personne qui veut entrer dans le monde des affaires doit au préalable les remplir. C'est ensuite seulement qu'elle profitera des potentialités économiques existantes, tout en agissant dans le respect des règles en vigueur. L'une et l'autre de ces idées servent successivement de trame au présent livre de découverte et d'approfondissement de la gestion juridique par les étudiants.

PLAN :

Partie 1. – La personne de l'entrepreneur au regard du droit.

Partie 2. – La nécessité d'une base géographique pour l'entreprise.

Partie 1. – La personne de l'entrepreneur au regard du droit.

PLAN :

Chapitre 1. – L'accès et le maintien dans le monde des affaires.

Chapitre 2. – L'atténuation du risque financier de l'entrepreneur.

Chapitre 1. – L'accès et le maintien dans le monde des affaires.

PLAN :

Section 1. – La liberté du commerce et de l'industrie pour presque tous.

Section 2. – La fermeture du monde des affaires à quelques personnes.

Section 1. – La liberté du commerce et de l'industrie pour presque tous.

PLAN :

§ 1. – Le bénéfice par chacun de la liberté de faire des affaires.

§ 2. – Le droit des autorités de tempérer la liberté des affaires.

§ 1. – Le bénéfice par chacun de la liberté de faire des affaires.

1) *De quoi se compose la richesse d'une Nation ?* (1)

La richesse des nations regroupe presque toujours des biens matériels ; ceux qui ont une valeur en argent.

Cette richesse peut ainsi résulter d'un sous-sol qui regorgerait d'hydrocarbure, de minerais, ou d'un sol accueillant des animaux et/ou des plantes commercialisables. Des paysages touristiques ou une façon de vivre (c'est-à-dire la culture) sont par ailleurs des richesses. Mais l'on convient dorénavant que l'homme est la principale richesse d'un pays : ses créations renferment de la valeur. Voici à cet égard un aphorisme célèbre : *« En France on n'a pas de pétrole, mais on a des idées »*.

En 2006, un rapport de la Banque Mondiale présentait le capital immatériel comme l'essentiel de la richesse des nations, même pour celles encore en voie de développement. Dans ce classement, où la France occupait la neuvième place, il se trouve que 86 % de la richesse par habitant (403.000 dollars) se rapportait à l'immatériel. Dans cette optique, les entrepreneurs sont essentiels à tout pays. Dit encore autrement, l'on peut considérer comme riche le pays dont les citoyens auront inventé Space X, Amazon, Facebook, Internet, etc.

Plus généralement, et pour mieux se représenter le phénomène de la richesse immatérielle, il convient de noter qu'une entreprise valant 1000 sera parfois vendue 3000. La raison est que l'acheteur n'acquière pas seulement le stock actuel de richesse (le bilan). En effet, les perspectives de création de la valeur (à plus ou moins brève

---

1) Lucien RAPP, Redécouvrir la richesse des nations... de juristes, AJDA 2023. 1521 ; David S. LANDES, Richesse et pauvreté des nations, éd. Albin Michel, 2000 ; Jared DIAMOND et Jean-Louis de MONTESQUIOU, Les vraies causes de la richesse des nations, New York Review of Books le 7 juin 2012 ; Emmanuelle MAUPIN, « La souveraineté est le reflet du génie propre de chaque pays », AJDA 2024. 1676.

échéance) par cette entreprise entrent aussi en ligne de compte.

2) *Faut-il (pour soi-même) préférer la richesse ou plutôt la pauvreté ? (2)*

Cette question semble caricaturale, car la richesse apparaît comme préférable. Il est vrai que l'on hésitera au préalable sur la sorte de richesse et de pauvreté auxquelles songer. À cet égard, s'agissant de la richesse en biens matériels, la plupart des philosophies et des religions du monde recommandent, sinon de la fuir, du moins de ne point la rechercher frénétiquement.

L'on se rappellera par exemple DIOGÈNE qui logeait dans un spartiate tonneau, et qui disait (il y a près de 2500 ans) que *« les choses nécessaires sont peu chers, mais que les choses superflues coutent cher »*. De même, les religieux catholiques s'obligent généralement à la pauvreté (outre à l'obéissance et à la chasteté). Par exemple encore, les moines bouddhistes vivent (ont besoin) de la charité populaire.

C'est dire que pour l'exercice de leur vertu ces divers candidats à la sagesse transcendantale ont besoin d'un minimum de biens matériels. Une langue d'autrefois les désignerait comme *« le vivre et le couvert »*. Cela dit, l'on observera que pour le commun des mortels, la quête de revenus représente une préoccupation permanente en vue de s'offrir ce que la société offre à la consommation.

Malheureusement, certains individus sont prêts à *« tuer père et mère »* pour devenir riches. Ils sont par conséquent prêts à exploiter, à spolier, à escroquer ou à voler autrui. La question se pose par

---

2) Laure SOLIGNAC, La pauvreté volontaire au service du bien commun : la solution franciscaine, Transversalités 2016/3 n° 138 ; Antoine SONDAG, On ne supprimera jamais la pauvreté, Érès, 2005 ; Valérie GUILLARD, Comment consommer avec sobriété, Vers une vie mieux remplie, De Boeck Supérieur, 2021 ; Julien COUARD, Ratification de la convention du Conseil de l'Europe contre le trafic d'organes humains, Droit de la famille n° 10, Octobre 2022, alerte 110.

conséquent de savoir si l'on peut devenir riche tout en se comportant parallèlement comme un saint envers son prochain. Une confiance aveugle en l'être humain conduit à répondre positivement à cette interrogation. Même si la Bible prétend que *« l'amour de l'argent est la racine de tous les maux »*.

En fait, bien souvent l'argent c'est la vie, parce que dans certains pays, pour être sûr d'être pris en charge pour une maladie, il faut être capable de (se) payer les opérations et traitements nécessaires. Si aux USA la carte bleue est indispensable, en France (par solidarité nationale), la carte vitale suffit. L'on notera que le premier ministre canadien à venir (Mark CARNEY) se vante de ce que dans son pays la santé soit un droit, alors qu'il s'agirait d'un business aux États-Unis d'Amérique.

Cela étant, au 19ème siècle, les jeunes sortis de l'adolescence devaient consacrer trois années de leur vie au service militaire. La procédure revêtait la forme du tirage au sort parce que l'armée n'était pas en mesure d'accueillir toute la classe d'âge correspondante. Or le droit de l'époque concevait qu'une personne ainsi désignée par le hasard se fasse remplacer par une seconde payée pour se dévouer à sa place. En clair, les fils des riches ne devenaient militaires que s'ils le voulaient vraiment, ou s'ils ne parvenaient pas à dénicher un jeune peut-être forcé par sa famille pauvre.

Il paraîtrait que (dans des parties lointaines du monde) des pauvres vendent certains de leurs organes. Par exemple un rein, puisqu'un seul suffit pour vivre correctement. Une réflexion bête et méchante pourrait aussi consister à prétendre qu'il vaut mieux recevoir de l'argent pour cesser de vivre sur son tas d'immondices (que l'on ne verra plus) en ayant vendu ses cornées. En France de telles pratiques sont inconcevables. En général, celui qui veut donner un organe le fait de façon anonyme et, ce sera forcément de façon gratuite.

3) *Un honnête travailleur peut-il devenir millionnaire ?* (3)

À première vue, il ne paraît pas y avoir de perspective d'enrichissement pour un travailleur (un fonctionnaire ou un salarié) ; sauf peut-être en étant malhonnête. Il est vrai que la personne qui travaille pour autrui perçoit généralement une rémunération lui permettant juste de survivre. Encore que les autorités publiques fixent un salaire plancher en dessous duquel aucun employeur ne saurait descendre : le SMIC.

Néanmoins, la somme en question ne permet presque jamais à un travailleur (même de catégorie intermédiaire) de thésauriser, d'économiser. En pratique, dès le milieu du mois de la paie, beaucoup de travailleurs l'auront déjà dépensé, car elle est manifestement insuffisante. Aujourd'hui, la préoccupation commune des Français concerne précisément *« le pouvoir d'achat »*, *« la vie chère »*, *« l'inflation »*, *« le coût de la vie »*.

Or, contrairement à ce que l'on voit dans les films hollywoodiens, dans lesquels des personnes vont dans la même journée d'un employeur à un autre, en France, il est juridiquement difficile de cumuler des emplois. Effectivement, s'y adonner unilatéralement constitue une faute disciplinaire qui expose le courageux et naïf travailleur au licenciement.

Cela étant, il arrive qu'un travailleur améliore sa situation financière en monnayant des services qu'il devrait rendrait gratuitement ou en rendant des services illégaux. L'intéressé se rendra ainsi coupable d'un des délits suivants : la concussion ; la corruption (passive) ; la complicité d'évasion, ou de trafic de stupéfiants, ou de séjour

---

3) Simon RIANCHO, Le partage de la valeur dans les entreprises de moins de 50 salariés, BJT juill. 2024, n° BJT203s1 ; Denis COLOMBI, De folles dépenses ? Du luxe à la survie, Dans Où va l'argent des pauvres, 2020 ; Raphaël JANINE, Les millions de monsieur Mellon, Le capitalisme en procès aux États-Unis (1933-1941), Esprit (2023/5 Mai) ; revue de lecture sur Romain HURET, La Découverte, 2023 ; Olivier VALLÉE, La police morale de l'anticorruption, Cameroun, Nigeria, Karthala, 2010.

irrégulier d'étrangers, etc.

Pour revenir à notre question de départ, les « *dessous de table* » ou « *pots de vin* » alors perçus n'atteignent jamais le million. En clair, le travailleur pour autrui (honnête ou malhonnête) ne saurait caresser l'espoir de devenir millionnaire. En revanche, une pareille espérance se défendrait de la part d'un entrepreneur.

4) *Les créateurs des GAFAM auraient-ils réussi aussi brillamment s'ils avaient vécu dans un pays sous-développé ?* (4)

Si la question leur était directement posée, peut-être les intéressés répondraient-ils que leur génie s'exprimerait pleinement en tous lieux et en tous temps. Ce qui est en partie vrai. Par exemple, au siècle dernier, l'indien RAMANUJAN (1887-1920) aura révolutionné les mathématiques alors qu'il n'avait même pas fait d'études secondaires.

En général toutefois, le génie a besoin d'un contexte favorable pour éclore et se développer. Concrètement, l'existence d'infrastructures (routières, sanitaires, éducatives, bancaires, etc.) ainsi que la liberté d'agir sont indispensables à la naissance d'entreprises. En vérité, ces divers éléments sont nécessaires, mais pas forcément suffisants. Car les créations prennent appui sur des théories et des pratiques déjà en cours dans la société.

Conclusion : un homme, abandonné dans les tréfonds de l'Afghanistan ou du Congo, aura peu de chances d'offrir à ses contemporains (et donc au monde) une quelconque nouveauté technologique.

---

4) Hélène GAUMONT-PRAT, Les aspects éthiques de la recherche clinique dans les pays en développement, D. 2004. 534 ; Nadège REBOUL-MAUPIN, Le vaccin contre le Covid-19 : un bien public mondial de l'humanité ! D. 2020. 1120 ; Alan FUSTEC, La place du capital immatériel dans le secteur associatif, JA 2013, n°471, p.20 ; Thierry LAMBERT, Il n'y a pas de propriété industrielle "verte", D. 2024. 1431 ; David Forest, Faut-il craindre les chasseurs de brevets en Europe ? D. 2006. 2473.

5) *Peut-on soutenir que les autorités françaises sont hostiles à l'imprégnation des idées entrepreneuriales dans les universités ?* (5)

La réponse est non ; bien au contraire. En effet, la France voudrait être un pays d'entrepreneurs. L'on reproche ainsi au président de la République (Emmanuel Macron) de vouloir faire du pays un *« Start Up Nation »*. De son côté, un ancien premier ministre de gauche (Manuel VALS) avait proclamé aimer l'entreprise.

Bien avant eux, existaient déjà deux dispositifs en direction de l'Université. Premièrement, la valorisation de la recherche, au moyen d'une exploitation des découvertes universitaires dans des entreprises, existantes ou spécialement créées. En second lieu, il y a le statut de l'étudiant-entrepreneur, lequel incite et facile l'entrée des jeunes gens dans le monde des affaires.

À ce sujet, l'Université du Littoral Côte d'Opale (l'ULCO) s'est dotée d'une structure ad hoc, le Centre Entreprenariat du Littoral (CEL/HUBHOUSE), dont la direction est assurée par un professeur de Gestion (Gérard A. K. DOKOU). Si son siège est à Dunkerque, elle ne dispose pas moins de point d'accueil dans les autres sites de l'ULCO (à Calais, à Boulogne-sur-Mer, à Saint-Omer).

Plusieurs des formations offertes par cette université concourent à l'esprit entrepreneurial. Par exemple, le BUT GEA (Gestion des Entreprises et des Administrations), lequel est managé à Calais par Gauthier AUFORT. Par exemple encore, l'on trouve à Dunkerque un master de

---

5) Alexandre DELMOTTE, Valorisation des résultats de la recherche : quand le chercheur veut le beurre, l'argent du beurre et le sourire de la crémière, Propriété industrielle n° 9, Septembre 2024, comm. 55 ; Florence GHRENASSIA et Amélie CHIOCCARELLO, La valorisation de la recherche, Gaz. Pal. 23 mai 2009, p. 43 ; Camille Alcover et Aurélien Guillois, Tribune – « Pour un apprentissage de l'entrepreneuriat culturel dès l'école », JAC 2017, n°45, p.38 ; Maripier TREMBLAY, Martine PELÉ, Gérard Akrikpan Kokou DOKOU, Les entrepreneurs des générations X et Y, Ellipses, 2019.

Management de l'Innovation, dont l'un des parcours s'intitule Stratégies d'Innovation et Dynamiques Entrepreneuriales. Sa codirection est assurée par les professeures d'université Sophie BOUTILLIER et Blandine LAPERCHE.

6) *L'homme d'affaires qui a réussi doit-il pouvoir garder pour lui la richesse ainsi amassée ?* (6)

Non, l'homme d'affaires qui a réussi ne saurait garder son trésor pour lui-même et les siens. Car il y a une obligation de solidarité nationale à la charge de chacun de nous. En d'autres termes, les Français ont l'obligation de s'entraider grâce à une caisse commune qu'ils alimentent (budget de l'État et budget de la Sécurité sociale). Ce qui a lieu tous les ans, et chacun selon ses moyens.

Les sommes progressivement recouvrés (impôts, taxes, CSG, CRDS, amendes) par le Trésor et l'URSSAF permettent de faire fonctionner les services publics. L'obligation pour chacun d'affecter une portion de ses revenus au service de la collectivité est une convention sociale. Chacun comprend et accepte en principe la nécessité de payer sa quote-part. C'est l'idée, le principe du consentement à l'impôt. Un consentement apparent qui confère sa légitimité sociologique aux prélèvements obligatoires.

À l'époque où la France avaient des guerres (sur son territoire), les citoyens pouvaient être appelés à risquer leur vie pour bouter l'ennemis. Les hommes en âge de combattre devenaient des

6) Pierre-Antoine SOUCHARD, Patrick Balkany aurait aimé « *vivre comme tout le monde* », D.A. 28 mai 2019 ; Michel BOUVIER et Marie-Christine ESCLASSAN, Jean-Pierre LASSALE, Finances publiques, LGDJ, 2024 ; COUR DE CASSATION, crim. 11 janvier 1996, Le seul fait de se placer sous un régime fiscal indu, dans l'intention de se soustraire à l'impôt, constitue le délit de fraude fiscale, D. 1996. 80 ; Julie GALLOIS, Affaire *Wildenstein* : absence de prescription d'une fraude fiscale commise *via* un *trust* étranger, D.A. 5 février 2021 ; Stéphane DETRAZ, Escroquerie à la TVA, RSC 2015. 661.

militaires ; quelques femmes (volontaires) aussi. Lorsqu'ils mourraient ou s'estropiaient, l'on disait qu'ils avaient payé l'impôt du sang.

D'un autre côté, même quand on avait préservé sa vie et sa santé, l'on pouvait devenir pauvre. La raison est que les bombardements (ennemis ou amis) détruisent les maisons et les plantations. Par exemple, la ville de Calais aura perdu sa splendeur d'autrefois à cause du débarquement anglo-américain sur nos côtes du nord de la France. Les riches (lesquels ont beaucoup à perdre en cas de guerre) pourraient ainsi accepter de payer davantage d'impôts pour que le pays soit toujours mieux armé et dissuade alors de potentiels agresseurs d'attaquer la France un jour.

Aujourd'hui, les ouvrages publics (routes, ports, aéroports, etc.) et les services publics (universités, hôpitaux, police, etc.) offrent aux entrepreneurs un contexte favorable à leur réussite professionnelle. Se soustraire indument au paiement de l'impôt (sur les sociétés, sur le revenu, etc.) constitue alors un délit puni d'une peine d'amende et/ou d'emprisonnement. Le délit de fraude fiscale se rapproche beaucoup de celui de blanchiment de fraude fiscale. La seconde est commise par celui qui aide à masquer (à blanchir) la fraude, peut-être un banquier, un avocat ou un autre intermédiaire.

L'on distingue par ailleurs la fraude fiscale de l'optimisation fiscale. Dans le premier cas, le contribuable sait qu'il viole la loi, alors que dans le second il demeure judicieusement dans les limites permises par la loi. Cette optimisation est toutefois difficilement envisageable de la part d'un petit (pauvre) contribuable ; car sans connaissance fiscale (personnelle ou d'un tiers généralement rémunéré).

7) *Comment le délinquant fiscal se défend-il et croit pouvoir attirer la sympathie ?* (7)

Le délinquant fiscal se défend (se justifie) bien souvent en soutenant qu'il s'agirait de son propre argent ; un argent qu'il aura gagné à la sueur de son front. Dit de façon plus triviale, l'intéressé ne l'aura volé à personne. D'où sa prétention d'être exempt de tout reproche possible.

De toute évidence, cette fausse excuse n'existe pas en matière d'extorsion à la TVA. L'idée est qu'au sein de la somme payée par le client (à son vendeur ou à son prestataire de service) il existe une portion constituant un impôt indirect (invisible et apparemment indolore). La TVA ainsi collectée au profit du Trésor public devrait lui être reversée au moment prévu. Or quelques commerçants et artisans la garde pour eux. L'on songe ici aux infractions d'abus de confiance et/ou d'escroquerie.

Vouloir échapper au paiement de l'impôt n'est pas nouveau. Par exemple, il avait existé un impôt calculé sur la base du nombre des portes et fenêtres des bâtiments. Des contribuables auront conséquemment obstrué certaines de ces issues afin de payer le moins possible.

Récemment (mandat de François HOLLANDE, puis d'Emmanuel MACRON), des mouvements sociaux (ou plutôt fiscaux) seront survenus. D'une part, les bonnets *''rouges bretons''* hostiles à des portiques routiers payants ; d'autre part, les *''bonnets jaunes''* opposés à une écotaxe destinée à frapper le carburant polluant.

L'on peut aussi penser aux jacqueries de l'ancien Régime ou au poujadisme des années 1953 à 58 contre notamment le fisc et la bureaucratie. Il s'agit de petits commerçants qui s'estimaient

---

7) Emmanuel CRUVELIER, La société en commandite simple, outil d'optimisation fiscale immobilière ?, La revue fiscale du patrimoine n° 12, Décembre2023, étude 24 ; Salomé LEMASSON et Mathieu VALETEAU, « *CumEx* » / « *CumCum* » : optimisation fiscale rime-t-elle avec fraude fiscale ? Droit pénal n° 12, Décembre 2021, étude 24.

maltraités par l'Administration et ses réglementations lourdes et coûteuses. En 2012, des entrepreneurs avaient lancé le mouvement « *les pigeons* » pour se plaindre d'être *"plumés"*. Aujourd'hui (février 2025), vient de naître un "front des entrepreneurs" hostiles aux hausses d'impôts.

8) *Qu'est-ce que les entrepreneurs (les investisseurs) attendent de l'État ?* (8)

La réponse arrogante de beaucoup d'entrepreneurs est que l'État devrait les laisser faire ; c'est-à-dire qu'ils s'en sortiraient parfaitement sans ses interventions considérées au mieux comme inutiles, et au pire comme préjudiciables.

En vérité, les interventions des autorités publiques sont parfois incitatives et facilitatrices. Par exemple, les multinationales françaises (TOTALENERGIES, LVMH, EDF, VINCI, etc.) réalisent une grande partie de leur chiffre d'affaires à l'étranger. L'on pourrait se dire que ces firmes devraient (peut-être) échapper à l'impôt (en France).

En vérité, leur nationalité française est prise en considération par leurs partenaires internationaux qui, probablement sans celle-ci, hésiteraient à traiter avec elles. En fait, un objet présenté comme provenant de PARIS éveille l'intérêt ainsi que l'impulsion d'achat.

---

8) Marie-Christine de MONTECLER, Quel avenir pour les ingénieurs de l'État ? AJDA 2009. 626 ; Benoit LECOURT, Transposition de la directive sur la transparence fiscale des grandes sociétés, Rev. sociétés 2023. 704 ; Miren LARTIGUE, Impôt minimum de 15 % sur les bénéfices des grands groupes : la réforme entre en vigueur, D.A. 12 janvier 2024 ; CONSEIL D'ÉTAT, Crédit d'impôt en cas de double imposition, D.A. 27 juin 2016, Lebon 2016 ; CONSEIL D'ÉTAT 19 juillet 2019, Les données fiscales des "Américains accidentels" peuvent être transférées, Lebon 2019 ; Alexis CONTAMINE, Poursuites judiciaires et pirates somaliens : la nouvelle équation, AJ pénal 2010. 330 ; Bertrand-Léo COMBRADE, La France face aux enlèvements contre rançon revendiqués par des groupes terroristes, RDP mars 2022, p. 479.

Ces entreprises internationales profitent donc de la *« marque France »*.

Mieux, lors de ses voyages officiels, le président de la République s'entoure de chefs d'entreprises auxquels il facilite alors l'accès aux autorités du pays étranger. Conclusion, les nouveaux marchés consécutivement obtenus doivent beaucoup à la France (à son exécutif et à son corps diplomatique).

D'ailleurs, lorsqu'un salarié expatrié d'une de ces entreprises françaises se fait enlever à l'étranger, la rançon exigée par les ravisseurs est payée par le Trésor public (lui-même alimenté par les impôts de tous). Il est certain que les diplomates et les forces spéciales de la France mettent tout en œuvre pour obtenir la libération de l'otage.

La France ne reconnaît pas officiellement verser des rançons pour ses ressortissants enlevés à l'étranger. Car tout Français ressemblerait en définitive à une tirelire ou à un coffre-fort permettant de s'enrichir facilement. Cette discrétion ou ce secret du Gouvernement constitue donc une mesure de protection. Oui, il ne faut pas de donner de mauvaises idées à des ravisseurs potentiels.

De tout le discours qui précède l'on conclura qu'il est normal que ces entreprises payent des impôts à la France.

D'ailleurs, de leur côté, les États-Unis d'Amérique exigent un impôt à leurs ressortissants (individus et entreprises) même établis à l'étranger. Ceux-ci ne subissent pas pour autant une double imposition. En effet, l'impôt dû au Trésor américain représente seulement l'économie réalisée par le contribuable qui aura acquitté ses impôts dans le pays étranger (plutôt qu'aux USA).

9) *Quels principaux obstacles sont reprochés par les entrepreneurs à la France ?* (9)

Le premier reproche que les entrepreneurs font à la France concerne la lenteur et la complexité bureaucratique ; la paperasserie. L'idée est qu'il y a un trop grand nombre de documents à remplir, à faire signer et tamponner. Or si dans beaucoup de pays une seule journée peut suffire pour que l'entreprise puisse exister et commencer son activité économique, en revanche des mois (voire des années) sont souvent nécessaires en France. Il est dès lors incroyable que ce pays figure quand même parmi les plus performants (économiquement et socialement) au monde.

Le second reproche fait à la France est sa législation sociale (trop favorable aux salariés) : seulement 35 heures hebdomadaires ; de longs congés annuels ; des droits syndicaux, etc. Un investisseur américain (Goodyear) aura d'ailleurs prétendu s'être délocalisé (d'Amiens) vers la Pologne à cause des chronophages palabres des syndicats.

Toujours pour moquer ou déplorer notre droit social (c'est-à-dire le droit du travail et le droit de la sécurité sociale), des commentateurs montrent la grosseur des codes correspondants. Il se trouve que ces codes gagneraient des dizaines de pages chaque année (et à toute nouvelle édition). Leur affirmation (à la fois fantaisiste et ignorante) oublie que les Codes (vendus en librairies) ne contiennent pas uniquement le texte même de la loi. En effet, les éditeurs y ajoutent des bibliographies, des index alphabétiques, des extraits d'autres codes, etc. Autrement dit, chaque code officiel est finalement plus

---

9) Nicolas MOLFESSIS, Simplification du droit et déclin de la loi, RTD civ. 2004. 155 ; Claire DEMUNCK, Simplification des normes et accès à la commande publique : deux axes du Rapport parlementaire « *Rendre des heures aux Français* », AJCT 2024. 132 ; Pascal Lokiec, Les licenciements boursiers, Droit social 2011. 1229 ; Julien BOURDOISEAU, La "généralisation" de la complémentaire santé : un bilan, RDSS 2017. 436.

petit.

Le troisième reproche fait à la France concerne ses prélèvements obligatoires comprenant les impôts (CRDS, CSG, IR, IS) et les cotisations. Ces dernières illustrent le fameux *« coût du travail »,* lequel plomberait la compétitivité des entreprises françaises. Or non seulement ces prélèvements sont élevés, ils sont en plus instables d'une année à l'autre.

L'on se rappellera que pour 2025 les budgets (de l'État, et celui de la Sécurité sociale) auront été adoptés avec deux mois de retard. Le problème est que l'incertitude paralyse les entrepreneurs : ils voudraient pouvoir se confectionner des prévisions pluriannuelles.

Il convient d'admettre que la France figure parmi les pays dont les impôts et les cotisations sociales sont les plus élevés. Actuellement, si les partis politiques de gauche envisagent volontiers d'augmenter les impôts, les partis de droite (et du centre) s'y opposent généralement.

Aux USA, quelques milliardaires suggèrent que leurs impôts soient augmentés, tous les autres richards militent pour une baisse (voire pour une suppression) des prélèvements obligatoires. Chacun d'eux préférerait exercer la solidarité à son propre niveau ; souvent en créant une fondation. Celle-ci pourrait distribuer des livres, des bourses, des aides alimentaires, etc. Donner pour des œuvres de charité ou pour politiciens est courant aux USA.

En France, les entreprises font du mécénat intéressé ou désintéressé, en faveur de diverses causes qu'elles jugent dignes d'intérêt (protection animale, financement d'un sport, etc.).

10) *Le commerçant doit-il fixer ses prix (de revente) en fonction du pouvoir d'achat de ses clients en vue de leur éviter le surendettement ?* (10)

Le commerce (ou l'artisanat) n'est nullement une activité caritative gratuite et désintéressée. Il ne s'agit pas d'associations à but non lucratif. Plus précisément, l'homme (la femme) d'affaires ambitionne de réaliser des bénéfices car il veut devenir riche. Au minimum, c'est parvenir à rémunérer ses immobilisations, son personnel, son propre travail, ainsi que ses éventuels associés.

Depuis la fin de l'année 1986, C'est librement faite que les agents économiques qui mettent produits et services sur le marché en fixent le prix. En conséquence de quoi les fonctionnaires (inspecteurs et contrôleurs) chargés (à l'époque) de sanctionner les prix excessifs auront dû être réorientés à d'autres tâches. Mais si les prix ainsi librement choisis par le vendeur sont trop élevés, sans doute les clients ne se bousculeront-ils pas dans ses rayons.

Cela étant, parce qu'ils peuvent répartir leurs charges fixes (loyer, électricité, abonnements, etc.) sur une importante masse d'articles vendus, les grands magasins ont (contrairement aux petits commerces) le loisir de pratiquer des prix bas. Mais pas trop bas quand même, dit la loi : la vente à perte est un délit pénal.

---

10) Bertrand MATHIEU, Jusqu'où peut-on faire porter sur les entreprises un devoir de vigilance en matière de protection des droits de l'homme et de l'environnement ? Constitutions 2017. 291 ; Raphaèle-Jeanne AUBIN-BROUTÉ, Quels circuits de proximité pour une commercialisation au "juste prix" ? Droit rural n° 6-7, Juin-juillet 2024, dossier 29 ; Quentin GUILLARD, Réflexions sur la contribution du tarif réglementé de vente d'électricité à la réalisation d'un objectif de stabilité des prix à l'aune de la crise énergétique, Énergie - Environnement - Infrastructures n° 2, Février 2023, étude 3 ; Éric NIGRI, Prix plafonds pour certains produits de santé : quelles incidences dans le champ des marchés publics hospitaliers ?, Contrats et Marchés publics n° 1, Janvier 2021, 1 ; Erika MARTIN, Associations et sociétés commerciales, Relations privilégiées et lucrativité font la paire, JA 2019, n°603, p.37..

On peut ici craindre le dumping pratiqué par les entrepreneurs (européens ou étrangers) qui produisent dans des pays à bas coûts ; des pays dans lesquels les contraintes fiscales, sociales et environnementales sont souvent infimes. Leurs coûts de revient étant faibles, ils arrivent à proposer des prix très bas aux acheteurs. Ce qui pourrait ruiner leurs concurrents et donc leur offrir alors une situation de monopole ou d'oligopole.

Pour finir, les autorités publiques se réservent le droit de plafonner (chaque fois que nécessaire) le prix de certains biens et services. Les superprofits ont mauvaise presse. Il est courant que l'on suggère que les entreprises, surtout les grosses, paient plus d'impôts encore. Malgré leur poids par rapport aux autres pays du monde.

Du reste, beaucoup de gens s'imaginent qu'une entreprise se trouve en bonne situation économique puisqu'elle aura réalisé un bon chiffre d'affaires, c'est-à-dire beaucoup de ventes. Or, elle peut avoir subi des pertes malgré son volume de ventes : il ne faut pas confondre le chiffre d'affaire et le résultat (le bénéfice).

11) *Le commerçant doit-il négocier ses achats au dessus du coût de production de ses fournisseurs afin de leur garantir une rémunération ?* (11)

En principe les contrats entre professionnels (distributeurs et fournisseurs) sont des contrats négociés de gré à gré. Cela veut dire que ce ne sont pas des contrats d'adhésion (à prendre ou à laisser). Lorsqu'il y a des relations suivies d'affaires (une longue coopération),

11) Pascal Wilhelm, Enjeux et spécificités des centrales d'achats dans le secteur agricole, Droit rural n° 11, Novembre 2024, dossier 48 ; Irène Grialou, Déséquilibre du prix dans les contrats entre professionnels, Cahiers de droit de l'entreprise n° 6, Novembre-Décembre 2023, dossier 38. https://www.lexing.law/avocats/referencement-naturel-ou-payant-pratique-a-risque/2022/09/29/

la fixation des prix par les intéressés (producteurs et revendeurs) semble tenir compte de la nécessaire survie économique de chacun. On sait que l'entreprise EDF est tenu d'acheter l'électricité produite par les particuliers, et à un prix fixé par les autorités.

Mais en général la loi de l'offre et de la demande joue souvent (*« les affaires sont les affaires »*. Or les distributeurs que sont les supermarchés et autres revendeurs (déjà puissants même pris isolément) se groupent en centrale d'achats pour conduire les producteurs à consentir les prix les plus bas possibles. La légalité de cette façon de faire est discutée. Elle manque en tous cas de patriotisme.

Ces gros acheteurs donnent parfois l'impression de rendre service aux producteurs sans débouchés commerciaux sûrs. De sorte que ces derniers devraient apparemment les payer pour avoir bien voulu commercialiser (référencer) leurs produits. Cette idée est devenue illégale. Et en matière d'alimentation, plusieurs lois (EGALIM) croient offrir la possibilité d'une juste rémunération aux agriculteurs et aux éleveurs.

12) *Qu'est-ce qui est institué par la loi fiscale des 2-17 mars 1791, plus connue sous la dénomination de décret d'Allarde ?* (12)

C'est la liberté du commerce et de l'industrie.

---

12) Gaël CHANTEPIE, Le calendrier des négociations commerciales modifié – Urgence ou précipitation ? D.A. 4 décembre 2023 ; Fabien HONORAT et Eric ANDRIEU, L'encadrement de la promotion des denrées alimentaires par la loi EGAlim, Légipresse 2019. 57.

13) *Quelle est la réaction en Europe et aux Amériques relativement à un échec dans les affaires ?* (13)

Historiquement, l'homme qui avait échoué dans les affaires perdait ses biens, et parfois sa femme et ses enfants alors réduits en esclavage. Puis les choses devinrent moins violentes. D'une part, le banc sur lequel le commerçant s'asseyait au bord du chemin, pour exercer son activité, était publiquement cassé : c'était la banqueroute.

D'autre part, il était dépouillé de ses biens pour tenter de désintéresser ses créanciers impayés. Cette réaction vigoureuse à l'encontre du mauvais homme d'affaires, servait d'avertissement et de tamis de sélection. Or, la faillite peut découler d'une catastrophe naturelle ou d'une guerre. Autrement dit le commerçant n'aura pas forcé commis de faute de gestion, et moins encore une faute de gestion.

Depuis une loi de 1985, la loi a décidé qu'il fallait s'efforcer de sauver l'entreprise en difficulté en mettant en œuvre diverses procédures (période d'observation, redressement judiciaire). C'est en désespoir de cause que la fin de l'entreprise est décidée par le juge compétent (juge-commissaire, tribunal de commerce). On parle alors de liquidation judiciaire. Les créanciers de l'entreprise sont alors payés grâce à l'argent liquide obtenu de la vente de ses biens.

Le problème pour l'entrepreneur consiste non seulement en la perte de son outil de travail, mais également dans une éventuelle interdiction judiciaire de monter une nouvelle affaire. Cette attitude est rarissime aux États-Unis d'Amérique. L'échec y est considéré comme

---

13) Fabien KENDÉRIAN et Isabelle ROHART, Les intérêts du bailleur éclipsés par ceux de la procédure collective du preneur, AJDI 2024. 861 ; Anne-Louise CHEVALIER et Laurence Caroline HENRY, L'attractivité et l'influence du droit français des entreprises en difficulté, GPL 28 juin 2022, n° GPL436v4 ; Thierry FAVARIO, Distinguer l'homme de l'entreprise : le temps de sanctionner vs le temps de liquider, BJE juill. 2023, n° BJE201a2 ; CONSEIL CONSTITUTIONNEL, 29 septembre 2016, Faillite personnelle (cumul de sanctions) : constitutionnalité du régime, D. 2016. 1925 ; https://solutions.lesechos.fr/business-trip/c/la-culture-de-lechec-france-versus-etats-unis-13449.

une étape possible vers un succès futur. Dans ce contexte, l'homme d'affaires ne ressent ni gêne, ni honte à faire état de sa faillite.

Certes, il est toujours plus agréable de pouvoir mettre en avant une réussite, une *''success story''*.

14) *Le commerçant ou l'artisan a-t-il l'obligation de respecter les 35 heures hebdomadaires de travail ainsi que le droit à la déconnexion ?* (14)

Ces prescriptions concernent et protègent seulement les personnes qui travaillent pour autrui (les salariés du privé et les fonctionnaires). Précisément, depuis plus d'un siècle, la France a opté pour les 3 huit au profit de celles-ci. C'est-à-dire que leur journée se subdivise en trois périodes (presque égales) de 8 heures : 8 H de travail ; 8 H de loisirs ; sommeil.

Au pire, et de façon exceptionnelle, un travailleur européen est susceptible de se trouver à la tâche durant 48 heures une certaine semaine. Bien sûr, il en obtiendra une compensation (matérielle ou financière).

Cependant, les cadres dirigeant ne comptent pas leurs heures ; au point de parfois dépasser les 50 heures hebdomadaires de travail. Il en va de la sorte, aussi bien dans le secteur privé, que dans le secteur public. À cet égard, les hommes et les femmes politiques n'arrêtent quasiment jamais de travailler. Ce qui un jour pénalise leur santé et, d'ores et déjà, les prive de temps pour les relations de famille et

14) Frédéric EDEL, Le droit et les pratiques du temps de travail des cadres supérieurs de l'État, AJFP 2024. 319 ; Delphine CASTEL, Temps de travail des cadres, JT 2016, n°182, p.16 ; CONSEIL D'ÉTAT 17 décembre 2021, L'organisation du temps de travail au sein de la gendarmerie ne méconnaît pas le droit européen, Lebon 2021 ; Raphaël SERRES, Repos dominical obligatoire, atteinte à la liberté d'entreprendre et discrimination indirecte d'un commerce de produits casher ? Rev. trav. 2024. 461.

les loisirs.

De leur côté, les internes en médecine (futurs médecins) et les pompiers volontaires (salariés et fonctionnaires serviables) dépassent parfois les limites horaires posées par l'Union européen pour la préservation de la santé et de la vie personnelle et familiale de chacun. Hélas, la France est menacée de sanctions parce que ses militaires sont trop sollicités ; même lorsqu'ils ne sont pas en opérations.

Pour revenir au cas de l'entrepreneur, l'on retiendra qu'il travaille nuit et jour, afin de faire triompher son projet économique le plus vite possible. Selon toute vraisemblance, le continu surmenage physique et intellectuel qui s'ensuit se transformera en une dépression en cas d'échec du projet (faillite).

En attendant, la passion leur fait oublier ces chansons d'Henri Salvador et de Georges Moustaki. Selon le premier, *« les bourreaux du travail font pas de vieux os »* ; d'après le second, aucun de ses amis *« n'aurait perdu sa vie pour la gagner »*.

15) *Pourquoi faire des affaires (entreprendre) est-il devenu beaucoup plus facile après la Révolution de 1789 (que durant l'Ancien Régime) ?* (15)

Parce que plusieurs mesures restrictives, en vigueur sous l'Ancien Régime, auront été supprimées. D'une part, pour être artisan dans une branche quelconque, il fallait autrefois commencer par devenir membre de la corporation correspondante.

D'un autre côté, des monopoles étaient accordés à quelques personnes qui pouvaient alors exercer telle ou telle activité ; sans compter que le

15) Guylain CLAMOUR et Pierre-Yves GAHDOUN, Art. 2 - Contenu de la liberté du commerce et de l'industrie, Répertoire de droit commercial / Commerce et industrie Com. Mise à jour de mai 2023.

passage des marchandises d'une ville à l'autre était parfois subordonné au paiement d'un péage. Il y aura eu à la fois, d'une part la consécration de la liberté du commerce et de l'industrie, et d'autre part l'interdiction des corporations.

Les deux constituent une déclinaison en matière économique de l'abolition des privilèges. Ceux-ci permettaient (arbitrairement) à quelques uns de bénéficier d'avantages auxquels les autres Français ne pouvaient prétendre.

16) *Quelles sont les quatre principales composantes de la liberté du commerce et de l'industrie (principes ou libertés) ?* (16)

Ce sont :

1) la liberté d'établissement ou liberté d'installation ;

2) la liberté du travail (les indépendants) ;

3) la liberté de gestion ou liberté d'exploitation (définition de la politique de l'entreprise) ;

4) la liberté contractuelle (autonomie de la volonté dans l'acte le plus fréquent de l'entreprise : le contrat). Pour une société, trois seulement de ces libertés comptent (pas la liberté du travail).

5) Il est envisageable d'ajouter le principe de la liberté de la concurrence, une concurrence libre et non faussée.

16) Charlène COLLET, L'encadrement pluriel de la liberté d'installation des professionnels de santé par les conventions nationales, RDSS 2024. 202 ; Philippe COLEMAN, L'ordre public économique : l'ordre du marché, AJDA 2024. 766 ; Catherine PRIETO, Liberté d'établissement et de prestation de services, RTD eur. 2007. 75.

17) *Qu'est-ce qui est institué par la loi fiscale des 2-17 mars 1791, plus connue sous la dénomination de décret d'Allarde ?* (17)

C'est la liberté du commerce et de l'industrie.

18) *Quelle loi a aboli les corporations et les groupements ?* (18)

C'est la loi Le Chapelier, des 14-17 juin 1791. L'abrogation en question a facilité l'entrée de nouvelles personnes dans des activités économiques jusque-là trop sélectives.

D'un autre côté, grâce à cette loi, l'on évitait le communautarisme en France. En effet, une seule communauté devait désormais regrouper tous les Français, à savoir la Nation française.

19) *En quoi la Constitution de 1793 manifestait-elle de la faveur pour les entrepreneurs ?* (19)

En ce sens que pour celle-ci : « *Nul genre de travail, de culture, de commerce ne peut être interdit à l'industrie des citoyens* ».

---

17) Imbert, Le décret d'Allarde et ses suites, Naissance des libertés économiques. Liberté du travail et liberté d'entreprendre : le décret d'Allarde et la loi Le Chapelier, leurs conséquences, 1791-fin XIX e siècle, éd. A. Plessis, Paris, IHI, 1993, p. 103-110.

18) Idem.

19) Jean-Charles ASSELAIN, Histoire des entreprises et approches globales. Quelles convergences ? Revue économique, 2007, Pages 153 à 172.

20) *En quoi la Constitution du 22 août 1795 était-elle favorable aux entrepreneurs ?* (20)

En ce sens qu'elle affirmait que : *« Il n'y a ni privilège ni maîtrise, ni jurande ni limitation à la liberté de la presse, du commerce, et à l'industrie et des arts de toute espèce. Toute loi prohibitive en ce genre, quand les circonstances la rendent nécessaire, est essentiellement provisoire, et n'a d'effet que pendant un an au plus, à moins qu'elle ne soit formellement renouvelée »* (art. 355).

21) *A qui profite (pour qui est reconnue) la liberté du commerce et de l'industrie ?* (21)

Les bénéficiaires de cette liberté sont à la fois les entreprises et les particuliers, c'est-à-dire des personnes privées. C'est un droit contre l'État, lequel doit le respecter autant que faire se peut (en application de la Constitution et des textes inférieurs).

22) *Dans quelle catégorie juridique classe-t-on la liberté du commerce et de l'industrie ?* (22)

Selon certains auteurs, la liberté du commerce et de l'industrie relèverait des principes généraux du droit, tandis que, pour d'autres, elle appartiendrait aux libertés publiques.

---

20) Idem.

21) Guillaume DRAGO, La liberté d'entreprendre, Revue Commentaire, 2015/2 Numéro 150.

22) Idem.

23) *Quand le Conseil constitutionnel s'est-il prononcé très en faveur de la liberté d'entreprendre et presque au détriment de la loi dite « loi Florange » ?* (23)

Cette décision a été rendue le 27 mars 2014, relativement à une loi n° 2014-384 du 29 mars 2014 ; "la loi Florange".

24) *La liberté du commerce et de l'industrie profite-t-elle aux personnes publiques ?* (24)

Oui, mais de façon exceptionnelle. Le principe est que l'Administration n'a pas à entreprendre des activités lucratives. Toutefois, l'intérêt général peut l'inciter à intervenir ; en particulier quand l'initiative privée est défaillante.

---

23) Louis D'AVOUT, La liberté d'entreprendre au bûcher ? D. 2014. 1287 ; François BARRIÈRE et Charles de RÉALS, Loi Florange, une loi anti-OPA ? Rev. soc. 2015, p. 279 ; Alexandre FABRE, La promesse présidentielle de "Florange" à l'épreuve du droit de propriété et de la liberté d'entreprendre, Constitutions 2014. 204.

24) Thierry GUILLOIS, La concurrence se moque de l'intérêt général, JA 2021, n°650, p.26 ; Sylvain PÉRIGNON, L'exercice du droit de préemption doit répondre à un intérêt général suffisant, AJDA 2012. 1869.

25) *Pourquoi ne saurait-on assimiler purement et simplement la liberté du commerce et de l'industrie avec une « liberté économique » ?* (25)

Parce que ce serait trop restrictif ; des pans de l'activité humaine s'en trouveraient alors indument exclus. Par exemple, les professions libérales, de même que les professions intellectuelles. Or les candidats à leur exercice sont libres de s'y adonner, sans pour autant être des ("vulgaires") commerçants.

§ 2. – Le droit des autorités de tempérer la liberté des affaires.

26) *Au regard de la division des pouvoirs, quelle institution (quel pouvoir) a le droit d'apporter des limitations à la liberté du commerce et de l'industrie ?* (26)

Des trois pouvoirs (législatif, exécutif, judiciaire), c'est le pouvoir législatif (le Parlement : Sénat+Assemblée Nationale) qui, au moyen d'une loi, peut adopter des mesures restreignant la liberté du commerce et de l'industrie.

Dès lors qu'une telle loi existe bel et bien, alors elle pourra ensuite être mise en œuvre (sur la population) par les ministres, les préfets, et les maires notamment.

---

25) Paule QUILICHINI, La liberté du commerce et de l'industrie peut servir à faire respecter la concurrence, AJDA 2003. 1232.

26) Marie-Pierre VIARD, Un maire peut réglementer la mise à l'eau de scooters de mer sur un point unique du territoire de la commune, AJDA 2008. 1725.

27) *Quelles métiers plus ou moins privés ne sont pas ouverts à tous, puisque certains professionnels seulement en ont le monopole d'exercice ?* (27)

Le droit pour chacun d'exercer l'activité professionnelle de son choix avait conduit à la disparition aussi du monopole des médecins et des pharmaciens. Mais la recrudescence de morts dues à l'exercice de la médecine ou de la pharmacie par des complets ignorants aura conduit au rétablissement de conditions, notamment de diplômes.

Les métiers du droit (avocats, commissaires de justice, notaires, etc.) ou ceux du chiffre (experts-comptables, commissaires aux comptes, etc.) ne sont pas librement accessibles. Outre le monopole de ces professions libérales, il y a celui de banquier ou d'agent de voyages.

En résumé, le candidat à l'entrée dans le monde des affaires doit se renseigner sur le libre accès de l'activité envisagée ; afin de ne pas commettre le délit d'exercice illégale de la profession retenue.

---

27) Nils MONNERIE, Réparation intégrale et causalité : évaluation du préjudice réparable sur fond d'exercice illégal de l'activité de conseil en investissement, D.A. 6 mai 2024 ; Pierre BOUZAT, Exercice illégal de la profession de banquier, RTD com. 1990. 508 ; Méryl RECOTILLET, Exercice illégal de la profession de géomètre-expert, D.A. 24 novembre 2022 ; Bernard BOULOC, Exercice illégal de l'activité d'agent de voyages, RTD com. 2002. 380 ; Florie WINCKELMULLER, Exercice illégal de la profession de pharmacien, D.A. 5 mars 2014 ; S. REVEL, Exercice illégal de la médecine, 25 mars 2010 ; Arnaud LECOURT, Plateforme complice de l'exercice illégal de la profession de taxi, Dalloz IP/IT 2024. 424.

28) *Quels produits ne sont point librement commercialisables puisque nécessitant une autorisation préalable de l'administration ?* (28)

L'on peut ici songer au commerce des armes (armurerie en ville ou exportation), celui de l'alcool (débit de boisson, licence IV). Le dernier exemple étonne parce que les supermarchés vendent librement de l'alcool ; mais à consommer chez soi.

29) *Quels produits semblent être hors commerce, et donc insusceptibles d'être écoulés dans son commerce au coin de la rue ?* (29)

Il y a tout d'abord le corps humain, ses parties et ses produits. Alors (par exemple) les transfusions sanguines et les transplantations d'organes ne sont généralement effectuées que grâce à des dons anonymes et gratuits.

D'une autre côté, les animaux et les plantes (en risque d'extinction) et figurant sur des listes internationales de protection ne sont pas davantage commercialisables.

De même, la chasse au trésor au sein de navires naufragés ou sur des sites archéologiques constitue une activité susceptible d'exposer les intéressés à des sanctions pénales.

---

28) François DURET-ROBERT, Section 8 - Biens dont la vente est interdite ou soumise à certaines restrictions, Droit du marché de l'art / Chapitre 113 - Biens pouvant faire l'objet de ventes publiques, 2024-2025 ; CONSEIL D'ÉTAT 24 juillet 2019, Motifs de retrait d'une autorisation de fabrication ou de commerce des armes, Lebon 2019.

29) Sandrine DRAPIER, Épaves maritimes : une notion "janusienne" à deux régimes pour le retirement, LPA juin 2024, n° LPA203d5.

30) *Dans quelle mesure le Gouvernement porte-t-il valablement atteinte à la liberté du commerce et de l'industrie ?* (30)

D'abord, quand il réglemente une matière relevant de sa compétence (art. 37 de la Constitution) et que ladite matière a finalement une incidence sur cette liberté du commerce et de l'industrie.

Ensuite, le Gouvernement peut devoir compléter une loi dont le Parlement aura décidé les grands contours et, donc, pas les détails.

Enfin, l'Administration (le Gouvernement) peut limiter des libertés en se fondant sur les concepts de : circonstances exceptionnelles ; ordre public ; mise en œuvre du domaine public.

31) *En droit, quel sens faut-il donner au terme Administration avec (parfois) un grand A ?* (31)

Il s'agit d'un terme servant à englober les personnes publiques : l'État, les régions, les départements, les communes, les établissements mis en place par l'un et les autres.

On peut même y ajouter les personnes privées (entreprises ou associations) chargées d'un service public (l'eau, l'électricité, le gaz, le transport urbain, etc.). La Sécurité sociale et France travail se situent dans cette zone intermédiaire entre le public et le privé.

---

30) Conseil d'État 8 juin 2005, Le maire, la liberté du commerce et le sex-shop, AJDA 2005. 1260 ; Cour administrative d'appel de Versailles 23 juin 2005, Un maire ne peut autoriser l'ouverture le dimanche d'un seul commerce de détail de sa commune s'il en existe d'autres ayant la même activité, Lebon 2005 ; Dominique Volut, Les pouvoirs du maire en matière d'installation et d'exploitation des manèges forains, D.A. 4 septembre 2012.

31) Conseil d'État 23 juillet 2014, Pôle emploi est un établissement public administratif, Lebon 2014.

32) *Dans quelle hypothèse le maire de Paris aurait-il pu légalement cantonner l'activité de forains à la journée de mercredi, et seulement sur la place de l'Église ?* (32)

Dans l'hypothèse où le maire aurait agi pour l'ordre public, ou bien dans l'hypothèse où il se serait préoccupé de la sécurité publique. Mais, dans cette affaire il y aura au contraire eu un détournement de ses pouvoirs par le maire.

En effet, « *une telle restriction a été motivée, non par les nécessités de la circulation ni pour des motifs tirés de l'ordre et de la sécurité publics mais par le souci de protéger les intérêts de certains commerçants de la localité* » (C.E., 25 janvier 1991).

33) *Que dit l'arrêt Fédération française des services à la personne et de proximité* (*Fédésap*) *du 6 décembre* 2017 ? (33)

Il dit que : « *il ne résulte d'aucun texte ni d'aucun principe que la consultation du Conseil d'État serait obligatoire au motif que le décret porterait, selon elle, atteinte à la liberté du commerce et de l'industrie* ».

---

32) Dominique VOLUT, Les pouvoirs du maire en matière d'installation et d'exploitation des manèges forains, D.A. 4 septembre 2012 ; Marie-Pierre VIARD, Un maire peut réglementer la mise à l'eau de scooters de mer sur un point unique du territoire de la commune, AJDA 2008. 1725 ; COUR ADMINISTRATIVE D'APPEL DE VERSAILLES 23 juin 2005, Un maire ne peut autoriser l'ouverture le dimanche d'un seul commerce de détail de sa commune s'il en existe d'autres ayant la même activité, Lebon 2005.

33) CONSEIL D'ÉTAT, 6 décembre 2017, L'application nuancée de la directive Services à l'activité d'aide à domicile des personnes âgées et handicapées, AJDA 2018. 1406.

34) *Que visait la loi du 29 mars 2014, dite loi Florange, et en quoi est-ce une limitation de la liberté du commerce et de l'industrie ?* (34)

Pour commencer, c'est par assimilation (ou par survivance historique) que l'on parle encore ici de liberté du commerce et de l'industrie. En effet, cette liberté est censée être comprise dans la « *liberté d'entreprendre* ». Dans la loi Florange, l'idée du législateur (du parlement) était de lutter contre le chômage survenant de l'abandon d'un site de production par son propriétaire.

Un tel employeur se devait alors de trouver un autre entrepreneur dont il devait accepter l'offre raisonnable de reprise ; afin que le site survive. En cas de refus de trouver un repreneur ou d'accepter sa proposition, le propriétaire devait payer des pénalités aux autorités publiques : 20 fois le SMIC par salarié.

Mais le Conseil constitutionnel aura trouvé ces exigences excessives ; même si les syndicats en font fréquemment la demande ("loi anti-licenciement").

35) *Sur quoi (en deux mots) aura porté la décision du Conseil constitutionnel du 16 janvier 1982, presque défavorable à la volonté des socialistes (Mitterrand) ?* (35)

Sur les nationalisations d'entreprises. Concrètement, plusieurs grandes sociétés françaises, notamment des banques, devaient cesser d'être des entreprises privées pour devenir des entreprises publiques. Pour

34) François Barrière et Charles de Réals, Loi Florange, une loi anti-OPA ? Rev. soc. 2015, p. 279 ; Alexandre Fabre, La promesse présidentielle de « Florange » à l'épreuve du droit de propriété et de la liberté d'entreprendre, Constitutions 2014. 204.

35) Gwendoline Lardeux, Qu'est-ce que la propriété ? RTD civ. 2013. 741.

opérer de pareilles expropriations, il faut nécessairement une loi (naturellement votée par le Parlement).

C'est la loi correspondante qui aura été attaquée devant le Conseil constitutionnel ; notamment pour atteinte au droit de propriété.

36) *Selon le Conseil constitutionnel, à quelles conditions le transfert à l'État de biens privés et d'entreprises aurait-il été inconstitutionnel ?* (36)

Cette question découle du recours contre une loi du 16 janvier 1982, loi par laquelle le premier gouvernement de François Mitterrand avait fait voter ces transferts promis aux électeurs de gauche. La première possibilité d'inconstitutionnalité (ou plutôt de non-conformité à la Constitution) était celle de l'erreur manifeste.

Seconde hypothèse, le fait que de telles opérations restreignent *« le champ de la propriété privée et de la liberté d'entreprise au point de méconnaître les dispositions [...] de la Déclaration de 1789 »*. Cette déclaration proclame que la propriété est sacrée, et qu'elle est au même rang que la liberté, la sûreté et la résistance à l'oppression.

37) *En quoi le principe de la libre concurrence complète-t-il ou intègre-t-il la liberté du commerce et de l'industrie ?* (37)

En ce sens que cette liberté (de commercer et de travailler) face à des trusts ou d'autres types d'ententes frauduleuses visant à la

---

36) Michel GUIBAL, Commerce et industrie, Répertoire de droit commercial, janvier 2015.

37) Paule QUILICHINI, La liberté du commerce et de l'industrie peut servir à faire respecter la concurrence, AJDA 2003. 1232.

contrecarrer.

38) *Quelles limites la puissance publique apporte-t-elle parfois à la liberté du commerce et de l'industrie ?* (38)

Les limitations législatives (parlementaires) se résument dans le fait que la puissance publique soumet parfois l'entrée dans l'activité professionnelle à des interdictions, des agréments, des permissions. Certes, elle agit éventuellement en sens inverse : des incitations, des aides, etc.

Les limitations se justifient par la protection de l'intérêt général, en particulier l'ordre public. Le cas échéant, l'on vise la protection de l'ordre public général, ou bien, plus spécifiquement, l'ordre public économique (ou ordre public de direction).

39) *Sur quels concepts juridiques un maire est-il susceptible de s'appuyer pour justifier des restrictions à la liberté du commerce et de l'industrie ?* (39)

Sur la tranquillité, la salubrité et l'hygiène. Un maire en a la responsabilité envers ses administrés. La tranquillité consiste notamment en l'existence d'un espace public sans désordre, sans bruit, sans affichage sauvage, sans commerce choquant.

---

38) Sébastien DEGOMMIER, Liberté du commerce et de l'industrie et gestion des musées, AJDA 2010. 1475.

39) Réponse min., Pouvoirs du maire en matière de lutte contre le phénomène de cabanisation sauvage, JOAN Q 23 avr. 2024, p. 3294, Construction - Urbanisme n° 6, Juin 2024, alerte 52 ; CONSEIL D'ÉTAT 8 JUIN 2005, Le maire, la liberté du commerce et le sex-shop, AJDA 2005. 1260.

Autrefois, chaque commune disposait de sa police municipale, de même que d'un cantonnier et d'un garde-champêtre. La salubrité renvoie à l'idée de propreté, tandis que l'hygiène concerne surtout le contrôle des commerces de bouche, en vue d'éviter les intoxications alimentaires.

Le maire veille ainsi à l'harmonie des relations humaines et des installations matérielles.

40) *Quel aura été l'avis du Conseil d'État sur la prétention d'une Administration d'être candidate à lors d'un marché public, et donc d'être la concurrente d'entreprises privées ?* (40)

Son avis favorable à l'Administration est que : *« aucun texte, ni aucun principe n'interdit, en raison de sa nature, à une personne publique de se porter candidate à l'attribution d'un marché public ou d'un contrat de délégation de service public »* (C.E. avis, 8 nov. 2000).

41) *De qui est l'affirmation d'après laquelle « les entreprises ayant un caractère commercial restent, en règle général, réservées à l'initiative privée » ?* (41)

Il s'agit d'une affirmation du Conseil d'État, dans un arrêt du 30 mai 1930. Celui-ci aura été rendu à l'occasion d'un procès intenté par la Chambre syndicale du commerce en détail de Nevers contre le conseil municipal de Nevers (par le biais du préfet de la Nièvre).

---

40) Philippe Chrestia, Conformité à la Constitution de la priorité reconnue aux communes en matière de concession de plage, AJDA 2013. 1976.

41) Michel GUIBAL, Commerce et industrie, Répertoire de droit commercial, janvier 2015.

42) *Quelle décision ministérielle aura dépassé la liberté du commerce et de l'industrie, et alors fait retirer des lots de lait infantile pour des raisons sanitaires ?* (42)

C'est l'arrêté du 12 janvier 2018, par lequel le ministre de l'économie (Bruno Le Maire) aura fait retirer tous les lots de lait fabriqués par la société LACTALIS dans la ville de CRON, en Mayenne.

43) *Quel type de décision d'embargo fait (valablement) échec à la liberté du commerce et de l'industrie ?* (43)

La décision d'embargo décidée contre l'État en question par le Conseil de sécurité de l'ONU. En vérité, pour des raisons sanitaires en particulier, les produits d'un pays peuvent subir une sorte de boycott ou boycottage.

Des motifs moraux ou politiques fondent parfois des boycotts ; notamment contre l'État d'Israël.

---

42) Yves PETIT, Retrait du lait écrémé en poudre dans le cadre du programme de distribution d'aide alimentaire aux personnes les plus démunies, Droit rural n° 449, Janvier 2017, comm. 28.

43) Xavier DELPECH, Clôture d'un compte bancaire sans préavis pour violation par son titulaire d'un embargo, D.A. 19 juillet 2021 ; Thomas HAMONIAUX, Principe de précaution et refus de la France de lever l'embargo sur la viande bovine britannique, AJDA 2002. 164 ; Sabrina LAVRIC, Appel au boycott de produits israéliens : pas de provocation à la discrimination, D.A. 24 octobre 2023 ; S. LAVRIC, Discrimination commerciale fondée sur un boycott illégal, D.A. 8 février 2008.

44) *Quand un embargo (contre un pays) est-il juridiquement valable ?* (44)

Quand il a été décidé par le Conseil de sécurité des Nations Unies (l'ONU). Mais les États-Unis d'Amérique ont la fâcheuse manie de décider unilatéralement des embargos contre les pays qui leur déplaisent.

Naturellement, les firmes américaines s'y soumettent. Parfois, les entreprises étrangères aussi, même si leur activité ne se déploie nullement dans ce pays. En effet, toute utilisation du dollar américain pour payer le pays sanctionné (par l'oncle Sam) expose aux sanctions américaines.

Section 2. – La fermeture du monde des affaires à quelques personnes.

PLAN :

A. – L'incapacité juridique comme obstacle à l'entrée dans les affaires.

B. – La délinquance comme cause d'une interdiction de gérer ou commercer.

44) Frédéric NAUD, L'embargo : une valse à trois temps nations unies, Union européenne et États membres, RMCUE 1997. 25.

§ 1. – L'incapacité juridique comme obstacle à l'entrée dans les affaires.

45) *Pourquoi un mineur ne peut-il lui-même exploiter son fonds de commerce ?* (45)

Parce que l'exploitant d'un fonds de commerce doit être inscrit au registre du commerce et des sociétés (RCS). Il doit ainsi donc être un commerçant. Or compte tenu du risque d'appauvrissement consécutif à une éventuelle faillite, un mineur ne peut jamais être reconnu comme commerçant. S'il n'est pas commerçant, il ne saurait exploiter un fonds de commerce.

Bien entendu, le représentant légal du mineur ne saurait faire le commerce au nom de celui-ci. Et même émancipé (après 16 ans, par la justice), le mineur doit solliciter une autorisation du juge pour devenir un commerçant.

46) *Pourquoi le législateur interdit-il au mineur de devenir commerçant, mais pas de devenir l'associé d'une société ?* (46)

Par souci de protection du mineur, lequel est censé ne pas encore avoir toute l'intelligence des affaires. Or, en cas de faillite, le commerçant peut subir la saisie de ses biens (même non affectés à l'activité

---

45) Dimitri HOUTCIEFF, § 1er - Mineurs, Répertoire de droit commercial / Acte de commerce Com., Mise à jour de janvier 2023 ; Jean-Florian ESCHYLLE, La capacité commerciale du mineur émancipé, RTD com. 2013. 203 ; Chloé GOSSART, Requête aux fins d'autorisation de passer un acte, AJ fam. 2016. 374 ; Jean-Pierre MAUBLANC, Vente du fonds de commerce à l'initiative du fisc dans les formes prévues pour les biens appartenant à des mineurs, AJDI 2006. 930 ; Dorothée GUÉRIN et Maxime PÉRON, Seuils d'âge en droit des contrats et en droit des affaires, AJ fam. 2017. 516.

46) Jean-Philippe DOM, De l'obligation de conseil du banquier envers les associés mineurs d'une société civile emprunteuse, Rev. sociétés 2006. 103 ; Eloi BUAT-MÉNARD, Le mineur et l'achat d'un immeuble, AJ fam. 2011. 356.

entrepreneuriale).

Cette saisie, faite à la demande des créanciers, permettra à ces derniers un remboursement, à l'occasion d'une distribution du prix de la vente aux enchères des biens ainsi inventoriés.

Mais l'associé, tout au moins dans une société de capitaux, ne perdra que les biens et les fonds apportés à l'entreprise et faisant partie du capital social.

47) *Pourquoi le mineur n'est-il pas autorisé à être associé de n'importe quelle catégorie de sociétés ?* (47)

Parce que, dans certaines catégories de sociétés (les sociétés de personnes, en particulier la SNC : société en nom collectif), les biens et fonds personnels des associés sont saisissables en vue du paiement des créanciers de l'entreprise. Selon la formule classique, ces associés sont responsables indéfiniment et solidairement ?

En revanche, la responsabilité des associés, et donc du mineur associé, est limité aux apports faits dans le capital social de son type de société (SA : société anonyme ; SARL : société à responsabilité limitée ; SASU : société par actions simplifiée unipersonnelle ; etc.).

47) COUR DE CASSATION, com. 6 novembre 2024, Société (associé) : responsabilité personnelle à l'égard d'un tiers contractant, D. 2024. 1958 ; Marie-Hélène GIRARD, Qu'est-ce qu'un actionnaire ? Rev. sociétés 1999. 787.

48) *Quels individus majeurs ne sauraient néanmoins être commerçants ou dirigeants d'entreprises ?* (48)

Les majeurs protégés, lesquels sont soit sous tutelle, soit sous curatelle. En effet, de tels adultes ne sont pas en mesure (physiquement ou intellectuellement) d'exprimer une volonté raisonnable. Ils agiraient trop souvent contre leurs propres intérêts.

Il y a en outre une incompatibilité (professionnelle) entre la qualité de fonctionnaire et celle de commerçant. Enfin, l'on notera au passage qu'une personne gravement malade, même saine d'esprit ne peut faire de libéralités à ses soignants ou à ses confesseurs.

§ 2. – La délinquance comme cause d'une interdiction de gérer ou commercer.

49) *Comment le greffier du tribunal de commerce sait-il qu'il doit refuser un candidat dans le RCS (le registre du commerce et des sociétés) ?* (49)

Il refusera en découvrant que le candidat est mineur d'âge, ou majeur

---

48) Valentin GARCIA, Interdiction pour les soignants de recevoir des libéralités : longue vie à l'article 909, alinéa 1er, du Code civil !, GPL 6 déc. 2022, n° GPL443l2 ; Nathalie PETERKA, Majeurs protégés : capacité commerciale de la personne en curatelle, D.A. 20 décembre 2018 ; COUR DE CASSATION, 1re civ., avis 6 décembre 2018, La capacité commerciale de la personne en curatelle : comment aménager la liberté d'entreprendre et la protection des biens ? AJ fam. 2019. 41 ; COUR DE CASSATION, 3e civ. 19 juin 2002, Incompatibilité entre le statut de fonctionnaire et celui de commerçant, AJDA 2002. 818.

49) Bernard BOULOC, Abus de biens sociaux. Interdiction de gérer, RTD com. 2024. 452 ; Nicolas RONTCHEVSKY, Mesure provisoire d'interdiction de gérer prononcée à l'égard du dirigeant d'une société cotée, RTD com. 2024. 406.

incapable, ou majeur interdit. Un simple coup d'œil sur la pièce d'identité présentée par l'intéressé permettra de savoir qu'il est mineur.

S'agissant de l'incapacité (tutelle ou curatelle) elle est mentionnée en marge de l'acte de naissance de moins de trois mois (fourni par la mairie de la ville de naissance ou par le service compétent à Nantes). Quant à l'interdiction de gérer, elle est révélée par le Fichier national automatisé des interdictions de gérer.

50) *Depuis quand existe le Fichier national automatisé des interdictions de gérer ?* (50)

Depuis la loi du 22 mars 2012 destinée à la simplification du droit.

51) *Par qui est tenu le Fichier national automatisé des interdictions de gérer ?* (51)

Par le Conseil national des greffiers des tribunaux de commerce.

50) Michel GUIBAL, Commerce et industrie, Répertoire de droit commercial, janvier 2015.

51) Idem.

52) *Quels deux types d'individus sont répertoriés dans le Fichier national automatisé des interdictions de gérer ?* (52)

On dénombre deux types d'individus. D'une part, les dirigeants sociaux dont le tribunal de commerce aura dit qu'ils auront commis des fautes de gestion ayant contribué à la faillite de celle-ci. Ces fautes de gestion (pas de simples erreurs) pouvant être : les abus de biens sociaux ; l'absence de comptabilité fidèle et sincère ; etc.

D'autre part, n'importe quel citoyen condamné par le tribunal correctionnel pour divers délits peut se voir interdire la possibilité de diriger, de gérer ou d'administrer une entreprise.

53) *Le dirigeant social à qui la justice aura interdit de diriger, de gérer ou d'administrer des entreprises peut-il se contenter de ne plus être le chef de son entreprise ?* (53)

Non. Il ne doit plus s'immiscer dans la vie de l'entreprise, même pas indirectement, par personne interposée (sa femme, un homme de paille, etc.). Il ne peut même pas devenir salarié de l'entreprise qu'il dirigeait jusque-là.

Sa solution de repli est la location-gérance de son fonds de commerce à un autre commerçant qui soit indépendant de lui. La vente de l'entreprise (cession des parts ou des actions) semble la solution la plus radicale.

---

52) Bernard Bouloc, Conditions de la limitation de l'interdiction de gérer, Rev. sociétés 2022. 303 ; Haritini Matsopoulou, Précisions sur la motivation d'une peine d'interdiction de gérer, Rev. sociétés 2017. 651.

53) Michel Guibal, Commerce et industrie, Répertoire de droit commercial, janvier 2015.

54) *Pour quelles infractions le Code pénal ajoute-t-il la sanction complémentaire d'interdiction de diriger, de diriger ou d'administrer des entreprises ?* (54)

Les infractions pour lesquelles l'interdiction professionnelle est prévue par le Code pénal peuvent être réparties dans quatre groupes. A savoir : 1) les crimes et délits contre les personnes ; 2) les atteintes contre les biens ; 3) les atteintes aux intérêts fondamentaux de la Nation ; 4) les entraves à l'exercice des libertés.

Les crimes et délits contre les personnes visés sont : l'assassinat ; l'empoisonnement ; le viol ; l'agression sexuelle ; le trafic de stupéfiants ; l'interdiction illégale de grossesse ; la provocation ou la publicité en faveur du suicide ; le délaissement de mineurs ; etc.

Comme exemples d'atteintes aux biens, il y a : le vol ; l'extorsion ; l'escroquerie ; l'abus de confiance ; le recel ; le blanchiment ; les destructions et dégradations ; le piratage informatique.

Les atteintes aux intérêts fondamentaux de la Nation sont pour l'essentiel : la trahison ; l'intelligence avec l'ennemi ; le terrorisme.

Enfin, les entraves à l'exerce de libertés peuvent être illustrées par les infractions ci-dessous. D'une part, les entraves à l'exercice des libertés suivantes : d'expression ; du travail ; d'association ; de réunion ; de manifestation.

D'autre part, relativement aux fonctionnaires, l'abus d'autorité, le favoritisme, la prise illégale d'intérêts, la corruption, le trafic d'influence. De troisième part, il y a : l'aide à l'évasion ; la fabrication de faux (documents) ; la contrefaçon de monnaies ou de chèques et autres titres ; la falsification de tampons de l'État ;

54) Bernard Bouloc, Conditions de la limitation de l'interdiction de gérer, Rev. sociétés 2022. 303 ; Haritini Matsopoulou, Précisions sur la motivation d'une peine d'interdiction de gérer, Rev. sociétés 2017. 651.

l'association de malfaiteurs.

55) *Quels deux procédures libèrent possiblement de l'interdiction de diriger, gérer ou administrer des entreprises ?* (55)

Ce sont le relèvement et la réhabilitation (légale ou judiciaire). Le relèvement concerne les interdictions que le juge n'aura pas spécialement choisies mais qui tombent automatiquement sur le coupable.

La réhabilitation concerne les interdictions que le juge aura spécialement retenues contre la personne condamnée.

56) *Quelles sanctions encourt la personne qui, malgré une interdiction dirigerait quand même des entreprises ?* (56)

Le code pénal (art. 434-40) prévoit deux ans d'emprisonnement et 30.000€ d'amende. S'y ajoute une interdiction supplémentaire : celle des droits civiques, civils et de famille. Le délinquant perdra ainsi son droit de vote, celui d'être membre du jury d'une cour d'assises, celui d'être un tuteur, etc.

---

55) Idem.

56) Haritini Matsopoulou, La violation par un banqueroutier des interdictions de gérer, Rev. sociétés 2022. 370.

57) *Quel Code, autre que le Code pénal, renferme les interdictions aboutissant à une incapacité commerciale ?* (57)

C'est le Code de la consommation. Il envisage l'interdiction professionnelle dans les cas suivants par exemple : le prêt usuraire ; l'altération ou la modification des signes distinctifs des marchandises ; l'abus de faiblesse ; les fraudes et falsifications dangereuses ou nuisibles à la santé de l'homme ou de l'animal.

58) *Qu'ont en commun, pour le dirigeant social, le délit de banqueroute, le délit de travail dissimulé et la pratique de prêts usuraires ?* (58)

Outre les peines principales d'emprisonnement et d'amende, le dirigeant social risque par ailleurs la peine complémentaire d'interdiction de diriger, de gérer ou d'administrer des entreprises. Le travail dissimulé et la banqueroute sont punis de 5 ans d'emprisonnement et de 75.000 € d'amende. L'usurier n'encourt que 2 ans d'emprisonnement, mais 300.000 € d'amende.

L'on notera que l'amende possible est quintuplée lorsque l'auteur de l'infraction est une personne morale (et donc pas un commerçant indépendant isolé).

Ainsi donc, l'EURL (composée d'une personne) risque une amende de 1.500.000 €, tandis que le commerçant isolé risquera 300.000.

D'un autre côté, lorsque les juristes comparent les peines, pour savoir laquelle est la plus sévère, il s'arrête à la durée de privation de

---

57) Nicolas RONTCHEVSKY, Mesure provisoire d'interdiction de gérer prononcée à l'égard du dirigeant d'une société cotée, RTD com. 2024. 406.

58) Michel GUIBAL, Commerce et industrie, Répertoire de droit commercial, janvier 2015.

liberté. Dans le cas de nos trois exemples, ils diront que le prêt usuraire est plus sévèrement puni que le travail dissimulé ou que la banqueroute.

59) *Combien de temps dure l'interdiction de diriger, de gérer ou d'administrer des entreprises ?* (59)

L'interdiction est perpétuelle à l'encontre des personnes dont le tribunal correctionnel estimera qu'elles ne pourront jamais s'améliorer et risqueraient de commettre d'autres délits dans les affaires. Les autres personnes sont condamnées pour une durée pouvant atteindre cinq années.

60) *Quelle(s) fonction(s) reste(nt) ouverte(s) à une personne malgré son interdiction d'exercer la plupart des métiers ?* (60)

Il lui restera les fonctions auxquelles l'on accède par élection : les fonctions politiques et les fonctions syndicales.

S'y ajoute l'activité journalistique. La personne condamnée pourra aussi être valablement recrutée en tant que salarié ; mais pas dans son entreprise qu'il envisagerait peut-être de gérer en sous-main.

---

59) Haritini Matsopoulou, La violation par un banqueroutier des interdictions de gérer, Rev. sociétés 2022. 370.

60) Georges Vermelle, Non-cumul d'une peine d'emprisonnement et d'une interdiction professionnelle, RSC 2004. 873 ; Jacques Mestre, Les contrats conclus au mépris d'une incompatibilité professionnelle, RTD civ. 1996. 896.

61) *Comment s'appelle le contrat par lequel le propriétaire d'un fonds de commerce le laisse gérer par un tiers ?* (61)

Deux cadres principaux existent. D'une part, la location-gérance, encore dite gérance libre. D'autre part, la gérance salariée.

61) Jehan-Denis Barbier, Distinction de la location-gérance et de la gérance-mandat, Gaz. Pal. 20 mars 2018, n° 316b7, p. 64.

Chapitre 2. – L'atténuation du risque financier de l'entrepreneur.

PLAN :

Section 1. – La dilution du risque entrepreneurial dans une structure commune.

Section 2. – L'échappement à la ruine même seul dans une entreprise.

Section 1. – La dilution du risque entrepreneurial dans une structure commune.

PLAN :

§ 1. – La création d'une société de capitaux titulaire de la personnalité.

§ 2. – L'allègement des investissements personnels par une coopération.

§ 1. – La création d'une société de capitaux titulaire de la personnalité.

PLAN :

A. – La perte des seuls apports en cas d'absence de faute de gestion.

B. – La reprise des engagements pris par la société en formation.

A. – La perte des seuls apports en cas d'absence de faute de gestion.

62) *Quel est le principal risque couru par un entrepreneur ?* (62)

Le risque principalement couru par l'entrepreneur est celui d'échouer dans ses affaires. C'est-à-dire de faire faillite et de perdre par conséquent l'investissement consenti en temps et en argent.

Pire, s'il n'a pas pris certaines précautions légales, même des biens qu'il n'aura pas affectés à l'activité professionnelle (les biens personnels) subiront la saisie en vue du désintéressement des créanciers impayés de son entreprise (banquier, bailleur, fournisseurs, salariés, Urssaf, Fisc).

63) *Qu'est-ce que les hommes d'affaires pensent de leur situation, comparativement à celle de leurs salariés ?* (63)

À croire les hommes d'affaires, leurs salariés bénéficieraient d'une protection qui leur est refusée. Pour commencer, les associés (souvent les dirigeants sociaux) d'une entreprise ne bénéficient pas de la protection sociale (maladie, retraite).

Les salariés sont assurés d'être payés de leur salaire même quand l'entreprise va mal. L'entreprise cotise d'ailleurs à l'AGS (l'association de garantie des salaires) pour assurer au moins le versement de leurs deux derniers salaires impayés.

D'un autre côté, en cas de chômage, une indemnité mensuelle est versée aux salariés, mais pas aux dirigeants sociaux. Certes, les associés se

---

62) LIENHARD, Retrait d'une société civile : reprise par l'associé de son apport en nature, 21 mai 2010.

63) Sophie BINET et Stéphane VERNAC, Que peuvent attendre les travailleurs d'un statut du dirigeant d'entreprise ? Rev. trav. 2017. 519 ; Valérie AVENA-ROBARDET, Le gérant d'une EURL peut bénéficier de la procédure de surendettement, D.A. 3 novembre 2016.

paient plutôt grassement sur les éventuels bénéfices réalisés par l'entreprise (les dividendes) ; ils peuvent conséquemment thésauriser (faire des économies), ainsi que souscrire des assurances privées pour leur santé, leur retraité et leur perte de revenu.

Désormais, sous l'impulsion d'hommes politiques tels que Monsieur MACRON, ces différences se rétrécissent. En effet, en SASU (SAS), le président peut se rémunérer comme un vulgaire salarié tous les mois. Si finalement, il y a des bénéfices, l'intéressé se rajoute des dividendes.

Dans une EURL (sorte de SARL), l'associé unique n'a pas le statut de salarié. Toutefois, il pourrait qualifier ses bénéfices (ses dividendes) de rémunération ; afin d'échapper à l'impôt sur les sociétés. Il se garantira ainsi un pécule.

64) *Qu'envisage généralement l'entrepreneur en vue de diluer son risque financier probable ?* (64)

Pour diluer le risque financier pris en se lançant dans les affaires, l'entrepreneur pourra chercher à se lancer avec des associés. Ils se partageront ainsi les pertes éventuelles si les choses tournaient mal.

---

64) Kami HAERI et Benjamin VAN GAVER, La prise de risque à travers le contentieux des affaires, Gaz. Pal. 20 déc. 2014, n° 205u6, p. 16 ; Geneviève Viney, L'exigence d'une faute « séparable des fonctions » pour engager la responsabilité personnelle de l'organe social à l'égard des tiers extérieurs à la société, RDC sept. 2014, n° 110s4, p. 372.

65) *Dans quelle mesure l'entrepreneur isolé peut-il quand même minimiser son risque financier ?* (65)

L'entrepreneur qui a décidé ne pas s'associer avec d'autres personnes devrait supporter seuls les risques financiers liés à une éventuelle faillite.

Cependant, ces risques sont minimisés par le fait que l'intéressé ait adopté une ou plusieurs des techniques juridiques limitatrices des risques des affaires pour l'entrepreneur isolé (EIRL, EURL, déclaration d'insaisissabilité, régime matrimonial de séparation des biens).

De plus en plus, le commerçant indépendant risque beaucoup moins qu'autrefois, grâce aux nouveaux dispositifs légaux.

66) *Qu'est la structure constituée à plusieurs en vue d'échapper le plus possible au risque des affaires ?* (66)

Cette structure à plusieurs, en vue de faire des affaires, c'est la société. Plus exactement, une société de capitaux.

---

65) CONSEIL D'ÉTAT 1 avril 2022, Liquidation d'une EURL sans extinction de sa dette, Lebon 2022.

66) Dominic JENSEN, Marie LALANNE, Eva BIEZUNSKI et Maxime WARNEYS, Associés d'AARPI : se protéger grâce aux personnes morales, D.A. 19 novembre 2021 ; Véronique LEGRAND, L'après-EIRL : la mise en société... D. 2011. 966 ; Denis POHE, La distinction des sociétés à risques limités et des sociétés à risques illimités à l'épreuve des récentes réformes de la SARL, LPA 1 juin 2007, p. 3.

67) *Dans quel but les sociétés coopèrent-elles souvent entre elles ?* (67)

Des sociétés sont amenées à coopérer entre elles. À l'instar des humains, pour elles aussi, l'union fait la force. Il s'agit pour elles de profiter de la synergie des unes et des autres. Les premiers de cordée sont censés tirer les autres vers le haut.

En Allemagne (plus qu'en France), les multinationales aident les PME du pays à grossir elles aussi, de façon à pouvoir mieux exporter vers l'étranger.

68) *En quoi consiste la personnalité juridique d'une société ?* (68)

La personnalité juridique (ou la personnalité morale ; pour une société ou pour une association, par exemple), est la reconnaissance juridique que l'on est un sujet de droit (une personne), et non pas un objet de droit (une chose).

Or, en tant que personne (physique ou morale) bénéficiaire de la personnalité juridique, l'on a la faculté de conclure des contrats, d'ouvrir des comptes en banque, d'agir en justice.

Agir en justice (pour attaquer ou pour se défendre) se dit aussi *« ester en justice »*. C'est un verbe qui ne se conjugue pas du tout, et ne s'utilise donc qu'à l'infinitif.

---

67) Brigitte CLAVAGNIER, Panorama des modes de regroupement et de restructuration, JA 2011, n°437, p.20.

68) COUR D'APPEL DE PARIS 29 octobre 1990, Une société dissoute, qui n'a pas engagé d'opérations de liquidation, n'a plus de personnalité morale et perd son droit à l'usage d'un patronyme à titre de dénomination sociale, D. 1992. 177.

69) *A quelle condition une société acquiert-elle la personnalité morale ?* (69)

Pour exister (en ayant la personnalité juridique), une société doit provenir de fondateurs animés par la volonté d'entreprendre ensemble. Ce qui s'appelle *"l'affectio societatis"*. De cette volonté commune découle un contrat : le contrat de société. Elle existe même dans une société de fait.

Mais, pour commencer, il ne s'agira d'abord que d'une société de fait ou société créée de fait. Pour bénéficier de la reconnaissance légale, et donc pour bénéficier de la personnalité juridique, cette entreprise commune doit avoir des statuts que les associés présentent, pour enregistrement auprès des autorités publiques.

En général, c'est au greffe du tribunal de commerce que la nouvelle structure est alors immatriculée, en étant mentionnée dans le Registre du Commerce et des Sociétés (RCS).

Une autre étape officielle consiste en la publicité (en la publication) de la création dans une revue spécialisée. La publication a lieu au BODACC (le bulletin officiel des annonces civiles et commerciales) et, accessoirement, dans un JAL (journal d'annonces légales).

En résumé, la société de droit (qui n'est donc pas simplement de fait) suppose : 1) des statuts ; 2) l'immatriculation au RCS ; 3) la publicité.

69) Jean-Philippe Dom, Apport en nature et défaut d'affectio societatis : rejet d'une QPC, Rev. sociétés 2024. 564.

70) *Quelle conséquence heureuse la personnalité juridique apporte-t-elle à une entreprise ?* (70)

La conséquence heureuse est certainement qu'en cas de recours en paiement, une différence soit faite entre le patrimoine de l'entreprise et le patrimoine de l'entrepreneur. De sorte que ses biens personnels soient préservés de la saisie de la part des créanciers de la société. En gros : « *Lui c'est lui, elle c'est elle* ».

Du moins si notre entrepreneur ne s'est pas engagé à payer éventuellement à la place de sa société (cautionnement, aval), et/ou s'il n'a pas commis de fautes de gestion (détournements, abus de biens sociaux, etc.).

71) *La société nouvellement créée doit-elle supporter les dépenses d'avant sa personnalité juridique ?* (71)

Oui, de façon exceptionnelle la société nouvellement créée peut se trouver tenue de payer des dettes nées avant sa propre naissance. Plusieurs conditions doivent néanmoins être réunies.

D'une part, les contrats concernés auront été conclus au nom des fondateurs signataires. Car, si c'était au nom de la société (qui

---

70) Emmanuel Brocard, Le patrimoine du chef d'entreprise et les procédures collectives, AJ fam. 2020. 232 ; Cour de cassation, com. 28 juin 2016, Le donneur d'aval n'est pas une [banale] caution, AJ contrat 2016. 446 ; Laurent Godon, Un nouveau type d'engagement sociétaire : les associés à responsabilité limitée et solidaire ? Rev. sociétés 2002. 298.

71) Arnaud Reygrobellet, Société en formation : quelques enseignements tirés des autres arrêts du 29 novembre 2023, D.A. 11 janvier 2024 ; Lienhard, Société en formation : point de salut hors le formalisme de la reprise des engagements, D.A. 5 juillet 2006 ; Sylvaine Porcheron, Sur le danger des actes passés avec une SCI en formation, AJDI 2016. 295 ; Alain Lienhard, Action en justice d'une société en formation - Solidarité des sociétés parties à un apport partiel d'actif, Rev. sociétés 2011. 32.

n'existait pas encore), ces contrats souffriraient d'une nullité absolue.

D'autre part, ces contrats de la société en formation auront été expressément repris par elle. Une reprise dans ses statuts, ou bien à l'occasion de la première assemblée générale ordinaire de ses associés.

72) *Quelle différence y a-t-il entre la faute de gestion et l'erreur de gestion ?* (72)

La différence entre les deux hypothèses tient à l'existence ou non d'une claire volonté de réaliser l'acte ; malgré ses éventuelles conséquences néfastes pour la société.

Dans le cas de l'erreur, le dirigeant social se sera trompé ; il aura cru bien faire. Dans le cas de la faute de gestion, le dirigeant social aura voulu profiter de la société ou a entendu avantager des tiers au détriment de sa société.

Attention, les conséquences d'une erreur peuvent néanmoins s'avérer plus désastreuses que celles issues d'une faute. Sans doute est-ce pourquoi, jusqu'à la loi Macron (2015), l'erreur de gestion était presque aussi sévèrement jugée que la faute de gestion.

---

72) Eva MOUIAL-BASSILANA, « Simple négligence » versus faute de gestion du dirigeant en matière d'insuffisance d'actif, BJS oct. 2020, n° 121f5, p. 38.

73) *Quels sont les types d'apports des associés au profit de leur société ?* (73)

Il y a trois types d'apports des fondateurs au profit de leur société en formation.

D'une part, les apports en numéraire (de l'argent) ; d'autre part, des apports en nature (terrains, bâtiments, machines, voitures, etc.) ; de troisième part, et exceptionnellement, des apports en industrie (savoir-faire spécifique d'un des fondateurs : cuisinier ; garagistes ; etc.).

74) *Qu'appelle-t-on l'écran social en droit des sociétés ?* (74)

L'écran social est le fait que l'existence d'une société (de droit : immatriculée) soit regardée comme un bouclier protecteur du patrimoine personnel de l'entrepreneur.

En effet, la société fait alors écran face aux attaques en justice des créanciers impayés (de cette société). Mais pas d'écran en l'absence de personnalité juridique, de personnalité morale.

---

73) Nicolas BINCTIN, La classification juridique des apports en nature, Rev. sociétés 2009. 517 ; Sylvaine PORCHERON, Même grevé d'une hypothèque, un apport en nature reste un apport en nature, AJDI 2014. 304 ; Tanguy ALLAIN, L'apport en nature de crypto-actifs, Rev. sociétés 2023. 647.

74) Victor SIMON, Les finalités de la société au travers de l'Histoire, ou l'art de réinventer la roue carrée, Rev. sociétés 2024. 702 ; Dominic JENSEN, Marie LALANNE, Eva BIEZUNSKI et Maxime WARNEYS, Associés d'AARPI : se protéger grâce aux personnes morales, D.A. 19 novembre 2021.

75) *Quelles sociétés sont compatibles avec l'écran social ?* (75)

Le concept d'écran social se rapporte aux seules sociétés de capitaux. On y range les SA, les sociétés anonymes (et leurs variantes), ainsi que les sociétés à responsabilité limitée (SARL). En l'occurrence, la personnalité des associés n'importe pas ; les associés ne se connaitront probablement pas. L'anonymat est souhaité : c'est une société anonyme.

Pour les associés, ne comptera que la réunion d'un capital commun en vue de faire des affaires. On oppose les sociétés de personnes aux sociétés de capitaux.

76) *Pour quelles sociétés le concept d'écran social n'est-il pas utilisable ?* (76)

Le concept d'écran social n'est pas utilisé dans les sociétés de personnes. En effet, les associés y sont tenus indéfiniment et solidairement des dettes. Si les biens de leur société ne suffisent pas pour le paiement des créanciers, alors les biens des associés seront saisis et vendus.

Dans de telles sociétés ou tout son patrimoine ("personnel") se trouve exposé, il faut savoir sélectionner ses coassociés. La plus emblématique des sociétés de personnes est la SNC, la société en nom collectif. Par exemple l'entreprise Martin et fils ; l'entreprise Dupont et frères ; l'entreprise Dumoulin et Martin ; etc.

L'on notera cependant que des sociétés ainsi dénommées sont (devenues ?) des sociétés de capitaux.

---

75) Jean HAUSER, Le curatélaire gérant de société : de l'écran de la personnalité sociale, RTD civ. 2016. 823.

76) Jean-François BARBIÈRI, Constitutionnalité du défaut d'un droit de retrait en SARL, Rev. sociétés 2024. 498.

77) *Quel est le principal type de sociétés de capitaux ?* (77)

Le principal type de société de capitaux est la société anonyme. Les associés (les actionnaires) ne s'y connaissent pas forcément. Ils auront généralement acheté leurs actions à la Bourse, par l'intermédiaire d'un banquier.

78) *Dans les SARL, que signifie l'expression « responsabilité limitée » ?* (78)

L'expression « *responsabilité limitée* » signifie que les créanciers de la société devront se contenter du capital social pour se faire payer de ce que leur devrait la société.

Ces créanciers n'ont donc pas le droit de faire contribuer personnellement les associés. A moins que ces derniers soient des avalistes ou des cautions des dettes de la société.

Ou encore s'ils sont condamnés pour faute de gestion, compte tenu d'abus qu'ils auraient commis.

---

77) Marie-Hélène MONSÈRIÉ-BON, Responsabilité dans les sociétés civiles professionnelles, RTD com. 2003. 529.

78) Cédric HÉLAINE, De l'articulation des délais en matière de recours cambiaires, D.A. 18 juin 2024 ; Didier R. MARTIN, De l'implacable obligation cambiaire d'un avaliseur, D. 1997. 225.

79) *Qu'est-ce qu'un capital social ?* (79)

C'est l'entité matérielle et financière destinée à rassurer les fournisseurs et autres créanciers d'une entreprise sur la probabilité d'être payé en accordant un crédit à la société correspondante. Le capital social se compose de deux seulement des trois types d'apports : les apports en nature et les apports en numéraire.

Comme il s'agit de la garantie du paiement des créanciers de l'entreprise, ceux-ci, et le procureur de la République, veille à sa réalité et à son intégrité. Les associés n'auront pas commis de faute particulière en dotant leur société d'un capital modeste. Il appartient aux créanciers de s'en assurer.

80) *Quels apports ne comptent pas dans le capital social ?* (80)

Les apports qui ne comptent nullement dans le capital social sont les apports en industrie. La raison est que ce type d'apport ne peut être vendu au profit des créanciers impayés.

C'st vrai que l'apport en industrie représentera peut-être un savoir-faire, un tour de main, une connaissance particulière. L'un des associés l'aura mis (à titre onéreux) à la disposition de l'entreprise.

---

79) Laure NURIT-PONTIER, La détermination statutaire du capital social : enjeux et conséquences, D. 2003. 1612 ; Thibaut MASSART, Constitution d'une société sous-capitalisée, Rev. sociétés 2020. 613.

80) Sophie SCHILLER et Pierre-Louis PÉRIN, Les apports en industrie dans les SAS, D.A. 20 mai 2009 ; Laurent GROSCLAUDE, Impossibilité de reprise des apports en industrie, RTD com. 2005. 785 ; Jean-Claude HALLOUIN, Une simple influence peut-elle constituer un apport en industrie ? D. 1998. 391 ; Michel JEANTIN, Influence de l'existence d'apports en industrie sur la répartition des pertes au sein d'une société civile professionnelle, RTD com. 1995. 442 ; Alain LIENHARD, Les parts d'intérêt de l'apporteur en industrie à une SCP ne sont pas des parts sociales, D. 2001. 2975.

81) *Quels apports ont une valeur monétaire discutable ?* (81)

Deux des trois types d'apports n'ont pas la valeur sure et certaine que présentent les apports en numéraire (l'argent). Le doute point d'abord avec les apports en nature dont l'évaluation ne sera pas la même selon les époques et selon les évaluateurs.

Enfin, les apports en industrie sont encore plus sujets à caution. De sorte qu'on ne les intègre point dans le capital social.

82) *Que faut-il entendre par l'expression « libérer le capital » ?* (82)

Libérer le capital c'est (pour l'assuré concerné) le fait de verser au compte bancaire de la société les sommes promises pour ses parts ou ses actions.

---

81) Thibault de RAVEL D'ESCLAPON, Le spectre de l'action paulienne sur l'apport en société, Rev. sociétés 2024. 627 ; Thierry BONNEAU, Surévaluation des apports en nature : responsabilité de l'apporteur, Rev. sociétés 2021. 522 ; Jacques MOURY, La sanction, en application et au-delà des textes spéciaux, de la surévaluation des apports en nature, RTD com. 2021. 853 ; Katrin DECKERT, Les associés d'une société sont recevables à demander réparation du préjudice causé par l'insuffisance des apports en nature d'un autre associé, Rev. sociétés 2017. 628 ; Claude CHAMPAUD et Didier DANET, Apport en nature d'un fonds de commerce, Éléments incorporels, Évaluation, RTD com. 2007. 743.

82) Jean-Claude HALLOUIN, Libération par compensation des apports en numéraire, D. 2002. 3265 ; Sylvaine PORCHERON, Compensation entre les comptes courants et la libération des apports en numéraire, AJDI 2002. 248 ; Marcus LUTTER, L'apport en numéraire fictif : une théorie allemande et un problème de droit européen, Rev. sociétés 1991. 331.

83) *Après combien d'années, au plus tard, les associés retardataires doivent-ils libérer leur part de capital ?* (83)

C'est au plus tard dans les cinq années de la souscription du capital que les apports en numéraire doivent être intégralement payés. C'est ce paiement qui s'appelle la libération de l'apport.

B. – La reprise des engagements pris par la société en formation.

84) *Qu'est une société en formation ?* (84)

Une société en formation est une société de fait, c'est-à-dire qui n'est pas encore immatriculée.

Concrètement, les démarches seront en cours : les statuts sont rédigés ; bientôt les fondateurs se présenteront pour l'enregistrement au RCS ; ou bientôt la publicité au BODACC se fera.

83) Jean-François HAMELIN, Se retirer d'une société ne permet pas à l'associé d'échapper à la libération de son apport, LEDC mars 2019, n° 112d6, p. 7.

84) Arnaud REYGROBELLET, Société en formation : quelques enseignements tirés des autres arrêts du 29 novembre 2023, D.A. 11 janvier 2024.

85) *Quelle conséquence juridique est tirée du fait qu'une société non encore immatriculée passe des contrats en son propre nom ?* (85)

Une entreprise non immatriculée n'existe pas juridiquement ; elle n'est pas un sujet de droit ; ce n'est pas une personne. Or, il faut une personne en face de soi comme partenaire à un contrat.

Le contrat cependant signé par le dirigeant (au nom de la société inexistante elle-même) est un contrat nul, d'une nullité absolue.

86) *Comment les fondateurs d'une société échappent-ils à la charge personnelle des contrats antérieurs à l'immatriculation ?* (86)

Relevons pour commencer que les fondateurs d'une société passent des contrats au profit de la société future avec des fournisseurs, des salariés, un bailleur, un banquier, etc.

Pour leur validité juridique, ces contrats doivent être conclus par les fondateurs en leur nom propre ; mais en précisant qu'ils seront repris par la société. Une reprise qui a lieu dans les statuts ou, au plus tard, lors de la première assemblée générale ordinaire de la société nouvelle.

Sinon les fondateurs qui en restent les cocontractants, et donc les débiteurs.

---

85) Alain LIENHARD, Action en justice d'une société en formation - Solidarité des sociétés parties à un apport partiel d'actif, Rev. sociétés 2011. 32 ; Sylvaine PORCHERON, Sur le danger des actes passés avec une SCI en formation, AJDI 2016. 295.

86) Bernard SAINTOURENS, Section 3 - Reprise des engagements souscrits au nom de la société en formation, Répertoire de droit civil / Société civile Sociétés, Civ. –Mise à jour de octobre 2024.

87) *Qu'est-ce qu'est la reprise des contrats ?* (87)

La reprise des contrats est le fait que les contrats conclus par les fondateurs en leur nom mais au profit de la société en formation soient finalement à la charge de cette société elle-même après son officialisation (RCS et publicité).

Deux mécanismes sont utilisables pour cette reprise : la mention dans les statuts ; ou bien la délibération en ce sens lors de la première assemblée générale de la société.

88) *Quels types d'engagements la société en création (finalement créée) n'a pas à reprendre à son compte ?* (88)

La reprise concerne logiquement des contrats ; de plus profitables à la nouvelle société. En d'autres termes, les dettes étrangères ou inutiles à la société en formation ne seront pas reprises.

Notamment celles qui découleraient d'infractions pénales, de dommages civils, de pensions alimentaires.

---

87) Bernard SAINTOURENS, Section 3 - Reprise des engagements souscrits au nom de la société en formation, Répertoire de droit civil / Société civile Sociétés, Civ. –Mise à jour de octobre 2024.

88) Jean HAUSER, Enfin : la créance de prestation compensatoire a un statut particulier dans les procédures collectives, RTD civ. 2004. 721 ; Catherine VINCENT, Créances alimentaires, jurisprudence et loi de sauvegarde des entreprises, D. 2006. 1969.

89) ***Relativement aux sociétés en formation, dans quel document la reprise des engagements s'effectue-t-elle ?*** **(89)**

Dans les statuts de la société.

90) ***A quelle occasion, au plus tard, se fait la reprise des contrats conclus au profit d'une société en formation ?*** **(90)**

En l'absence de reprise des contrats dans les statuts, celle-ci doit avoir lieu (au plus tard) lors de la première assemblée générale ordinaire. A partir de la seconde, il est donc trop tard.

91) ***Quels sont les procédés de reprise des engagements de la société en formation ?*** **(91)**

Il y en a deux. D'une part, la mention de la reprise des contrats dans les statuts. D'autre part, la délibération en ce sens lors de la première assemblée générale de la société désormais formée.

§ 2. – L'allègement des investissements personnels par une coopération.

PLAN :

89) LIENHARD, Société en formation : point de salut hors le formalisme de la reprise des engagements, D.A. 5 juillet 2006.

90) RÉDACTION, Reprise des engagements souscrits pour le compte d'une société commerciale en formation : rappel des conditions, Defrénois flash 18 mars 2019, n° 149w2, p. 6.

91) Paul LE CANNU, Financer l'achat après l'immatriculation ne vaut pas en soi reprise des engagements, BJS mai 2012, p. 393.

A. – Le partage de synergies par des franchises, des filiales, des pépinières ou des G.I.E.

B. – Le piège de la coopération basée sur une entente anticoncurrentielle.

A. – Le partage de synergies par des franchises, des filiales, des pépinières ou des G.I.E.

92) ***Dans quels cadres (juridico-économiques) les sociétés se partagent-elles leurs synergies ?*** **(92)**

Les entreprises profitent mutuellement de leurs synergies dans le cadre de GIE (groupement d'intérêt économique), dans celui d'une pépinière d'entreprises, dans celui de la franchise, ou encore dans celui de la filialisation (joint venture).

93) ***Qu'espère la société filiale de la part de sa société-mère ?*** **(93)**

La filiale attend de la société-mère qu'elle lui confère les moyens matériels, financiers et humains pour atteindre le but social que celle-ci lui aura fixé en la créant.

---

92) Fabrice LEXTRAIT, La genèse des tiers-lieux, JA 2022, n°655, p.16 ; Marie DOCHY, Validité de la signification au siège social situé dans une pépinière d'entreprises, D.A. 26 septembre 2024 ; COUR D'APPEL DE PARIS 5 juin 2002, Pépinière d'entreprise et caractérisation d'une sous-location, AJDI 2002. 767 ; Clément MARINOS, Éclairage sur les statuts juridiques des espaces de coworking, JT 2024, n°273, p.30 ; Elie ALFANDARI, Groupement d'intérêt économique. Licéité de l'activité. GIE de commissaires-priseurs, RTD com. 1992. 415.

93) CONSEIL D'ÉTAT 21 juin 2022, Aide financière consentie par une société mère à une filiale : conditions de déductibilité du bénéfice imposable, Lebon 2022 ; COUR ADMINISTRATIVE D'APPEL DE DOUAI 26 avril 2005, Non assujettissement à la TVA des sommes versées par une société mère en faveur du développement d'une filiale, Lebon 2005 ; CONSEIL D'ÉTAT 30 décembre 2002, Du statut, au regard de la taxe professionnelle, d'une subvention accordée par une société-mère à sa filiale, Lebon 2002.

94) *Pourquoi une société met-elle en place des filiales ?* (94)

La mise en place de filiales répond au besoin de diversification. Grâce à la société nouvelle mise en place, la société-mère peut s'aventurer dans de nouveaux domaines d'activités sans craindre d'exposer ses autres activités.

D'ailleurs, la création d'une filiale (une joint venture) avec une entreprise d'un pays est parfois la condition d'une installation dans celui-ci ; par exemple la Chine.

95) *Quel est l'objectif de la coopération entre le franchisé et le franchiseur ?* (95)

Biens souvent, le franchisé se lance nouvellement dans les affaires. Or peut-être optera-t-il pour une activité dans laquelle une autre entreprise serait déjà leader.

En coopérant avec celle-ci (duplication de son modèle), le franchisé espère lui aussi bénéficier du succès commercial constaté. Son avantage est qu'il n'aura pas à réfléchir sur la façon de se fournir ou d'aménager

94) CONSEIL D'ÉTAT 30 mai 2016, Contentieux des plans de sauvegarde de l'emploi : qualité pour faire appel de la société mère, Lebon 2016 ; CONSEIL D'ÉTAT 25 juin 2020, La société mère doit être informée des pénalités encourues en cas de redressement d'une de ses filiales, Lebon 2020.

95) Yann HEYRAUD, Clauses de non-concurrence et de non-réaffiliation dans les réseaux de distribution : premières précisions sur le champ d'application de la loi Macron, D.A. 21 juin 2024 ; Michel PONSARD et Malka MARCINKOWSKI, De certaines problématiques liées à la franchise internationale, AJCA 2015. 252 ; Yann HEYRAUD, Le franchiseur peut se voir interdire l'exploitation des fichiers clients de franchisés quittant le réseau, D.A. 7 novembre 2023 ; Didier FERRIER, Le franchisé ne peut être tenu d'un engagement d'achat auprès du franchiseur que si une telle obligation est nécessaire pour préserver l'identité ou la réputation du réseau de franchise, D. 1997. 58.

ses vitrines. De même, les actions publicitaires nationales du franchiseur lui profiteront.

Pour les services ainsi rendu au franchisé, le franchiseur percevra une redevance régulière. C'est normalement un contrat gagnant-gagnant pour ces deux partenaires.

96) *Qu'est-ce qu'un groupement d'intérêt économique* (*GIE*) *?* (96)

Un GIE est une personne morale mise en place par deux ou plusieurs sociétés ou commerçants pour faciliter leurs activités économiques.

C'est une structure support. Elle est censée booster l'activité personnelle de chacun des membres qui la composent.

97) *Qu'est-ce qu'une pépinière d'entreprises ?* (97)

Une pépinière d'entreprises (ou ruche d'entreprises) est une structure qui facilite l'éclosion puis l'envol de nouvelles entreprises. Les jeunes entrepreneurs font des économies en occupant une portion de bâtiment dont ils partagent les charges fixes avec d'autres entrepreneurs.

Par ailleurs les porteurs de projets (se) partagent une ambiance de travail et des conseils sur la difficulté des affaires.

---

96) Marilyn MAUDET-BENDAHAN, Le régime social du personnel du groupement d'intérêt économique, LPA mars 2024, n° LPA202x0 ; COUR ADMINISTRATIVE D'APPEL DE PARIS 24 février 2004, Un OPHLM peut faire partie d'un GIE, Lebon 2004.

97) Marie DOCHY, Validité de la signification au siège social situé dans une pépinière d'entreprises, D.A. 26 septembre 2024 ; COUR D'APPEL DE PARIS 5 juin 2002, Pépinière d'entreprise et caractérisation d'une sous-location, AJDI 2002. 767 ; Clément MARINOS, Éclairage sur les statuts juridiques des espaces de coworking, JT 2024, n°273, p.30.

B. – Le piège de la coopération basée sur une entente anticoncurrentielle.

98) *Sur quoi portent généralement les ententes frauduleuses entre sociétés ?* (98)

Sur les prix. Concrètement, les intéressés se concertent sur le prix plancher en dessous duquel n'est pas descendre.

Un pareil concert est frauduleux parce que les prix doivent s'établir en considération des coûts de revient et de l'intensité de la demande. Oui, les prix ne doivent pas être artificiellement haut, ni même artificiellement bas (délit de vente à perte).

99) *Qu'est-ce qui est faussé en cas d'entente (sur les prix) entre sociétés (malhonnêtes) ?* (99)

Dans l'Union européenne, le principe est celui de la concurrence libre et non faussée. Du moment que le prix ne résulte pas de la confrontation de l'offre et de la demande, alors la concurrence est faussée.

---

98) Eva MOUIAL BASSILANA, A - Revente au-dessous des cours et emploi de moyens ruineux, Répertoire de droit commercial / Entreprise en difficulté : responsabilités et sanctions Com., Sociétés, MAJ 2025 ; Emmanuelle CLAUDEL, Sanctions pénales des pratiques anticoncurrentielles : le printemps de l'article L. 420-6 du code de commerce, RTD com. 2003. 80.

99) Jean-Charles HOURCADE, Défendre la concurrence non faussée du marché, JT 2017, n°196, p.32.

100) *En quoi les clients et les concurrents sont-ils pénalisés par les ententes frauduleuses entre sociétés ?* (100)

Les ententes sur les prix pénalisent les clients du fait que ceux-ci sont empêchés d'obtenir des produits ou des prestations de service à un prix nettement plus bas. Autrement dit, ils paient bien cher des biens et services pour lesquels ils devraient dépenser moins d'argent.

Quant aux concurrents (ceux qui ne sont pas dans la combine), leurs prix seront en comparaison trop hauts ou trop bas par rapport aux commerçants ligueurs. L'idée est que les clients trouveront bizarre que l'un des fournisseurs possibles pratique des prix si éloignés de la moyenne des autres fournisseurs.

Pour se rassurer, peut-être opteront-ils pour le fournisseur proche du prix des fraudeurs. Cela étant, pendant longtemps, par égard pour les deniers publics, l'État (le service public) préféraient contracter avec le soumissionnaire le moins-disant ; c'est-à-dire le candidat aux prix les plus faibles.

Désormais sa préférence va vers le compromis qualité-prix. Sachant d'ailleurs que trop tirer les prix à la baisse, finit par faire également baisser la qualité des biens et services voulus. Sans compter que le personnel du fournisseur sera forcément pressuré pour en augmenter la productivité.

---

100) Stéphane BRACONNIER, L'articulation entre dol et pratiques anticoncurrentielles dans les marchés publics, AJDA 2007. 2200 ; COUR ADMINISTRATIVE D'APPEL DE PARIS 22 avril 2004, Du droit à indemnité de l'autorité contractante en cas de dol du cocontractant, Lebon 2004.

101) *Quelles sanctions sont encourues par les sociétés auteures d'une entente frauduleuse ?* (101)

Leurs sanctions possibles sont essentiellement des amendes. Les principales sont infligées par l'Autorité de la Concurrence. Les autres sont prononcées par une juridiction civile (tribunal judiciaire) ou par une juridiction pénale (tribunal correctionnel).

Dans ce dernier cas, des peines complémentaires sont envisageables : publicité de la condamnation ; exclusion des marchés publics ; etc.

102) *Qui prononce les sanctions (contre les entreprises) pour atteinte à la concurrence libre et non faussée ?* (102)

Au niveau français c'est l'Autorité de la Concurrence. Au niveau européen, c'est la Commission (de Bruxelles). Dans les deux cas, l'entreprise sanctionnée pourra protester devant une juridiction.

D'ailleurs, les pratiques anticoncurrentielles sont des délits condamnables par le juge pénal français.

---

101) Emmanuelle CLAUDEL, Sanctions pénales des pratiques anticoncurrentielles : le printemps de l'article L. 420-6 du code de commerce, RTD com. 2003. 80.

102) TRIBUNAL DES CONFLITS 22 avril 2024, Autorité de la concurrence et compétence du juge judiciaire, Lebon 2024 ; TRIBUNAL DES CONFLITS 5 octobre 2020, Compétence du juge judiciaire sur la contestation des mesures conservatoires de l'Autorité de la concurrence, Lebon 2020.

103) *Pourquoi la société-mère (d'une entreprise) n'a-t-elle normalement pas à payer l'amende infligée à sa filiale ?* (103)

Parce que malgré leur proximité économique les deux sociétés sont des personnes morales distinctes ayant chacune son patrimoine propre.

Néanmoins, si la dette est due au comportement de l'autre (complicité), le juge pourra rechercher la responsabilité pécuniaire de l'intéressé.

104) *Pourquoi la fixation de l'amende d'une filiale ne doit-elle pas être faite en considération du patrimoine de sa société-mère ?* (104)

Parce que chacune des deux sociétés possède ses propres finances. La filiale est certes généralement moins riche que sa société-mère.

Néanmoins, celle-ci n'a pas l'obligation de faire face aux dettes d'autrui. Il y a même un risque de perpétrer le délit d'abus de biens sociaux à l'encontre de la société-mère alors appauvrie sans contrepartie.

Chez les humains, la mère n'est pas non plus tenue au paiement des dettes de son enfant (adulte) ; en général tout au moins. Même relativement à l'enfant mineur, la responsabilité des père et mère exclut ses contrats, et se limite à ses dommages-intérêts quasi-délictuels.

Section 2. – L'échappement à la ruine même seul dans une entreprise.

PLAN :

---

103) Christophe SOULARD, Le problème de l'imputabilité des infractions aux règles de concurrence, RSC 1995. 647.

104) Laurent SAENKO, Abus de biens et société exerçant l'activité de syndic, RTD com. 2024. 784.

§ 1. – Les options de l'entrepreneur contre l'effet de la faillite sur ses biens familiaux.

§ 2. – L'insuffisance ponctuelle de l'écran social (patrimonial) voulu par l'entrepreneur.

§ 1. - Les options de l'entrepreneur contre l'effet de la faillite sur ses biens familiaux.

PLAN :

A. – Déjà au 20ème siècle, le régime matrimonial de séparation des biens et L'EURL.

B. – Au 21ème siècle, la déclaration d'insaisissabilité et l'EIRL.

A. - Déjà au 20ème siècle, le régime matrimonial de séparation des biens et L'EURL.

105) ***Quelle qualification est-elle généralement donnée à l'individu qui fait des affaires tout seul dans sa structure ?*** **(105)**

L'individu qui fait des affaires tout seul est un commerçant. Il n'agit pas en principe dans le cadre d'une société. Cela étant, des commerçants peuvent créer (ensemble) une société en nom collectif (SNC) ; et un individu peut créer une société tout seul (EURL).

---

105) Sébastien Ranc, Le non-cumul d'un contrat de travail et de la qualité d'associé en nom collectif, Rev. trav. 2016. 94.

106) *Quelle est la différence ente l'artisan et le commerçant ?* (106)

L'un (l'artisan) fabrique lui-même les marchandises qu'il vend, alors que le commerçant achète pour revendre ensuite.

107) *Quelle est la différence entre l'artisan et l'industriel ?* (107)

L'un (l'artisan) fabrique des produits à vendre au sein d'une petite structure et d'une dizaine de personnes au maximum, alors que l'industriel possède un effectif dépassant 11 salariés. Il fabrique donc des quantités plus importantes.

108) *Quelle est la différence entre le local commercial et le fonds de commerce ?* (108)

L'un (le local) a une représentation physique, l'on peut matériellement le toucher ; en revanche le fonds de commerce est une fiction juridique qui concerne néanmoins ce local.

---

106) Bertrand CASSAR, La transformation numérique des formalités des entreprises, au service de l'économie, Dalloz IP/IT 2023. 102 ; RÉDACTION, Concurrence déloyale exercée par les marchands ambulants contre les artisans installés, AJDI 1997. 1115.

107) Xavier DELPECH, Mesures réglementaires relatives au Registre national des entreprises, D.A. 25 octobre 2023 ; CONSEIL D'ÉTAT 9 février 2005, La CGPME n'est pas représentative au plan national du secteur des métiers et de l'artisanat, Lebon 2005.

108) Pierre-Yves GAUTIER, À l'école de Troplong : la propriété commerciale est (presque) un droit réel, RTD civ. 2021. 435.

109) ***De combien de techniques juridiques le commerçant dispose-t-il pour endurer le moins possible la ruine en cas de faillite de son entreprise ?*** **(109)**

Les procédés limitatifs de la ruine de l'entrepreneur malchanceux sont au nombre de quatre.

110) ***Grâce à quelles précautions juridiques, parfois cumulables, les commerçants échappent-ils éventuellement à la ruine personnelle ?*** **(110)**

Quatre techniques juridiques sont ici préventivement mobilisables : le mariage sous le régime de la séparation des biens ; la création d'une société de capitaux avec des associés ; la création tout seul d'une EURL (entreprise unipersonnelle à responsabilité limitée) ; l'affectation de biens précis aux affaires, dans le cadre de l'EIRL (jusqu'en 2022).

---

109) S. Lavric, Application de la loi "Demessine" : protection des investisseurs, D.A. 8 septembre 2009 ; Conseil d'État 11 février 2011, Sanction d'une banque pour défaut de surveillance des activités d'un fonds spéculatif, Lebon 2011.

110) Cour de cassation, com. 19 juin 2024, Société à responsabilité limitée (décisions) : transformation en société anonyme, D. 2024. 1231 ; Véronique Legrand, L'après-EIRL : la mise en société... D. 2011. 966.

111) *En quoi le souci de préservation de l'entreprise en difficulté est-il récent ?* (111)

En ceci que c'est à partir de la loi de 1985 que la continuation (à tout prix ?) de l'entreprise aura été recherchée.

Avant, du moment qu'une entreprise était défaillante, il convenait de vendre ses biens afin de payer ses créanciers. En effet, si elle n'avait pas payé une dette, on la jugeait comme se trouvant en état de cessation des paiements. D'où son placement dans une procédure collective (de paiements des créanciers). Puis sa probable liquidation, c'est-à-dire la transformation de ses biens en argent liquide à verser à ces créanciers.

Certes, avant d'en arriver à cette extrémité, le juge-commissaire (le tribunal de commerce) s'assurait que le passif exigible était tellement important qu'il ne pouvait être payé au moyen de l'actif disponible.

112) *Qu'est-ce qu'un régime matrimonial ?* (112)

Le régime matrimonial est un ensemble de règles applicables au couple marié relativement à leurs relations patrimoniales internes. En particulier ce que chacun apportera (plus ou moins régulièrement) à la vie du ménage.

Puis, en cas de dissolution du mariage, la portion de biens que recevra chacun. Une dissolution qui résulte du divorce ou bien du décès de

---

111) CONSEIL D'ÉTAT 16 avril 2021, Homologation du plan de sauvegarde de l'emploi d'une entreprise placée en redressement judiciaire, AJDA 2021. 1543.

112) Jean-Pierre MARGUÉNAUD, Alerte européenne sur le droit des régimes matrimoniaux, RTD civ. 2013. 810 ; Jean-François SAGAUT, Empêchement ou impéritie des époux : les solutions du droit des régimes matrimoniaux, AJ fam. 2003. 124.

l'un des conjoints de l'un des conjoints. La part du défunt ira à ses héritiers (peut-être son conjoint, ses enfants, ses parents, etc.).

113) *Quelle est la différence entre le contrat de mariage et le mariage ?* (113)

L'un (le contrat) est destiné à régler, par l'intermédiaire d'un notaire, les questions d'argent (contribution et partage) entre les futurs époux (c'est-à-dire les fiancés).

Pour sa part, le mariage est un acte de l'état civil (comme l'acte de naissance et l'acte de décès) dressé par un officier de l'état civil (le maire ou le consul).

Si près de 99% de mariages existent sans contrat de mariage, en revanche, il n'existe aucun contrat de mariage sans ensuite un mariage.

Aux yeux de l'État, le mariage religieux n'a pas de valeur particulière (laïcité oblige).

114) *En quoi consiste le régime matrimonial séparatiste ?* (114)

Ce régime de séparation des biens signifie que les biens du couple sont identifiés (ou identifiables) comme la propriété de l'un ou de l'autre. Très peu de biens sont communs. Les créanciers de l'un ne peuvent nullement saisir les biens de l'autre ; chacun pour soi.

---

113) Hugues LETELLIER, Le développement exponentiel des contrats de mariage en Allemagne, Gaz. Pal. 2 août 2008, p. 18.

114) Thierry FAVARIO, La société "de famille", RTD com. 2024. 475 ; Hugues LETELLIER, La stratégie patrimoniale du couple, AJ fam. 2008. 52.

Avant de se lancer dans les affaires, les époux peuvent se partager leurs biens. L'objectif protecteur est que les éventuels créanciers ne puissent saisir tous leurs biens.

Ne demeureront exposés que les biens de celui qui se sera lancé dans les affaires. Encore dit autrement, il restera ainsi quelques biens pour la famille, au cas de désastre économique de l'entreprise.

115) *Quels biens du conjoint du commerçant sont-ils saisissables par des fournisseurs impayés ?* (115)

En l'absence de contrat de mariage (séparation des biens), les biens du couple appartiennent à l'un et à l'autre conjoint. Ils sont donc saisissables par leurs créanciers respectifs sans devoir se préoccuper de titres de propriété.

Notons pourtant que tous les biens ne sont pas saisissables. Apparaissent ainsi à l'abri ceux qui sont indispensables à la vie (et au travail) : lunettes, prothèses, lits, frigidaire, etc.

116) *Quand faut-il avoir choisi son régime de séparation des biens pour que celui-ci soit opposable aux créanciers de l'affaire ?* (116)

Idéalement, ce choix doit être intervenu avant le mariage (dans un contrat de mariage).

---

115) Marc Nicod, La fraude de l'époux ignorée par le droit des régimes matrimoniaux, D. 2002. 2442.

116) Bernard Saintourens, La réforme des règles de publicité du régime matrimonial des commerçants, RTD com. 2005. 480 ; Judith Rochfeld, Régime matrimonial – Commerçants, RTD civ. 2005. 652. Matthieu Buchberger, Le nouveau statut de l'entrepreneur individuel : une avancée en trompe-l'œil, Rev. sociétés 2024. 7.

Sinon, il faut attendre deux années avant de se prévaloir de la séparation finalement décidée (après le mariage).

117) *Depuis quand le Code civil prévoit-il qu'une société peut n'avoir qu'un seul fondateur ?* (117)

Depuis 1985. Il s'agit-là d'une innovation bien surprenante à laquelle tout le monde s'est désormais rallié. Certains avaient pensé que l'on ne pouvait certainement pas s'associer à soi-même pour la création d'une entreprise.

118) *Que signifie le sigle EURL ?* (118)

L'EURL signifie Entreprise Unipersonnelle à Responsabilité limitée ; c'est une sorte de SARL à une personne.

119) *Que signifie le principe civiliste de l'unité du patrimoine ?* (119)

L'unité du patrimoine signifie que tous les biens actuels et futurs d'une personne font partie de cette entité unique pour chacun.

Le riche n'a ainsi qu'un patrimoine et, à l'inverse, même le pauvre est titulaire d'un patrimoine.

---

117) A. LIENHARD, Entreprise unipersonnelle à responsabilité limitée : révocation du gérant non associé, D.A. 22 mars 2010.

118) Amelle GUESMI, EIRL versus EURL à l'aune du droit des procédures collectives, D. 2011. 104.

119) Éric MEILLER, L'universalité de fait, RTD civ. 2012. 651.

B. – Au 21ème siècle, la déclaration d'insaisissabilité et l'EIRL.

120) *Pourquoi procède-t-on à des saisies de biens ?* (120)

La saisie des biens est faite parce que le débiteur d'une valeur patrimoniale n'aura pas spontanément payé sa dette. Les biens de la sorte saisis seront vendus aux enchères publiques ; de façon que le prix obtenu serve à désintéresser les créanciers impayés.

Techniquement, la saisie consiste seulement en l'inventaire des biens susceptibles d'être vendus (économiquement et juridiquement parlant). En effet, l'enlèvement (en vue de la vente) n'intervient que si dans la semaine de cet inventaire le paiement n'a quand même pas eu lieu.

Entre la saisie et l'enlèvement des biens, ceux-ci cesse d'être disponibles pour leur propriétaire. Il en devient un séquestre, un gardien. Si bien qu'il commettrait le délit d'abus de confiance en détournant ces biens en les consommant, en les donnant ou en les vendant.

Naturellement, rien n'adviendra sur sa personne s'il a vendu et conservé le prix au profit de ses créanciers saisissants.

121) *Quels biens du débiteur ne sont-ils point saisissables ?* (121)

Ne sont pas saisissables les biens que la loi a déclaré tel. Sont notamment insaisissables les biens des personnes publiques (même étrangères).

---

120) Arlette Martin-Serf, Déclaration notariée d'insaisissabilité inopposable au liquidateur pour défaut de publicité au registre du commerce et des sociétés. Reconstitution du gage commun des créanciers, RTD com. 2017. 186.

121) Nicolas Cayrol, Les biens de l'État et des personnes publiques sont vraiment insaisissables, RTD civ. 2024. 733 ; Norbert Foulquier, Mettre les biens publics hors des liquidations judiciaires grâce à l'extension de la définition du domaine public immobilier aux biens meubles, RDI 2024. 475.

S'agissant des personnes privées, sont insaisissables tous les éléments qui leur sont indispensables à la vie ; par exemple les pensions alimentaires, les bourses d'étude, les salaires jusqu'à un certain montant (reste à vivre), les lits, les chaises, etc.

Naturellement, un lit Louis XV sera saisi pour être remplacé par un lit ordinaire.

122) *En quoi consiste (consistait) la déclaration d'insaisissabilité ?* (122)

C'est le fait d'indiquer aux autorités (et donc aux futurs créanciers) qu'un bien donné, en particulier le logement de famille, ne pourrait jamais servir pour désintéresser des créanciers impayés.

Cette situation ne pouvait certainement complaire aux créanciers de l'intéressé.

123) *Comment les créanciers d'un commerçant savent-ils que ce dernier aura désigné son domicile comme étant insaisissable ?* (123)

En se rapprochant de l'Administration des hypothèques. Avant 2022, l'entrepreneur y inscrivait le fait que sa résidence principale était insaisissable.

---

122) COUR DE CASSATION, com. 20 novembre 2024, Liquidation judiciaire : portée d'une déclaration d'insaisissabilité, D. 2024. 2004 ; Romain LAFFLY et Pierre MARTIN, Le degré d'efficacité de la déclaration d'insaisissabilité, 8 novembre 2013.

123) COUR DE CASSATION, com. 11 septembre 2024, Insaisissabilité de la résidence principale de la personne physique immatriculée en liquidation judiciaire s'étend à l'immeuble indivis, AJDI 2024. 808 ; Florence REILLE, Survie de l'insaisissabilité de la résidence principale à la cessation d'activité de l'entrepreneur, Rev. sociétés 2024. 741.

Cet effort n'est plus aujourd'hui utile de sa part. Oui, par volonté protectrice de la loi, la résidence principale est insaisissable ; à moins que l'entrepreneur ait lui-même expressément convenu du contraire.

Ce sera à coup sûr pour convaincre les créanciers de lui prêter, ou bien de contracter avec lui, qu'il renoncera de la sorte à la protection légale.

124) *En quoi consiste (consistait) l'entreprise Individuelle à Responsabilité Limitée (EIRL) ?* (124)

C'était une façon de préserver de toute possibilité de saisie l'ensemble des biens du débiteur. Alors pourtant que le Code civil désigne le patrimoine de chacun comme le gage de ses créanciers impayés.

L'entrepreneur n'exposait (avant 2022) que les biens qu'il avait désignés comme devant servir à son activité professionnelle. La protection est devenue automatique : plus du tout besoin d'une déclaration.

Cela rassurera probablement ceux qui hésitent à entrer dans le monde des affaires, alors les autorités voudraient que la France devienne une terre d'entrepreneurs.

§ 2. – L'insuffisance ponctuelle de l'écran social (patrimonial) voulu par l'entrepreneur.

PLAN :

A. – Le paiement des dettes de la société en cas de cautionnement ou d'aval.

B. – La fragilisation de la société par les pensions alimentaires de l'entrepreneur.

---

124) Jean-Luc VALLENS, L'entrepreneur individuel en difficulté et ses patrimoines, D. 2022. 1269 ; Julien RISSER, Faut-il réécrire l'article 2284 du code civil ? RTD civ. 2024. 831.

A. – Le paiement des dettes de la société en cas de cautionnement ou d'aval.

125) *Dans quels cas les dettes sociales sont-elles finalement payées par un dirigeant social malgré l'écran social ?* (125)

Malgré l'écran social, le dirigeant de l'entreprise devra faire face aux dettes de son entreprise s'il a commis des fautes de gestion (et non pas de simples erreurs de gestion).

Il devra aussi payer si sa société n'est pas de capitaux (SARL, SA) mais une société de personnes (SNC par exemple). En vérité, la SARL relève d'un statut hybride.

126) *Quelles dettes personnelles de l'entrepreneur sont payées par l'entreprise (ou presque), malgré l'écran social ?* (126)

Les pensions alimentaires, c'est-à-dire les dettes d'aliments, comme disent savamment les juristes.

Ses dividendes reviendront ainsi aux créanciers d'aliments, et peut-être ses actions ou ses parts sociales aussi.

---

125) Valérie AVENA-ROBARDET, Le gérant d'une EURL peut bénéficier de la procédure de surendettement, D.A. 3 novembre 2016 ; Frédéric PROAL, La fin de la responsabilité limitée dans les sociétés unipersonnelles ? D. 1997. 312.

126) Catherine VINCENT, Créances alimentaires, jurisprudence et loi de sauvegarde des entreprises, D. 2006. 1969.

127) *Qu'est-ce qu'un cautionnement social ?* (127)

C'est l'engagement pris par un dirigeant social, ou par un membre de sa famille, de payer la dette de l'entreprise si celle-ci n'y arrive finalement pas elle-même.

128) *Pourquoi un fournisseur ou un banquier exige-t-il un cautionnement de la part du dirigeant qui, peut-être, n'aura même pas de patrimoine personnel élevé ?* (128)

C'est pour le responsabiliser. Sans doute en effet la saisie, puis la vente de ses biens, ne combleront pas financièrement les créanciers.

Néanmoins, cette perspective coercitive figurera un désastre que l'entrepreneur voudra s'éviter. Il gérera par conséquent son entreprise le mieux possible.

Avant 2016, l'on aurait renvoyé de façon patriarcale à une gestion de bon père de famille (ou oubliant la mère).

---

127) Claude CHAMPAUD et Didier DANET, Cautionnement par le conjoint du dirigeant, Participation au contrôle de la société, Conséquences, RTD com. 1993. 321 ; Jean DERRUPPÉ, Cautionnement, Dirigeant social, RTD com. 1998. 131.

128) Arnaud LECOURT, Le dirigeant caution omnibus et la transmission universelle du patrimoine : une fable dangereuse ! RTD com. 2018. 376 ; Isabelle RIASSETTO, Devoir de mise en garde envers le dirigeant caution, Rev. sociétés 2013. 423.

129) *Pourquoi le dirigeant caution souhaiterait-il qu'à lui aussi soit appliqué le Code de la consommation ?* (129)

Parce que ce Code protège particulièrement bien les cautions (forcément non professionnelles). D'abord, la validité du cautionnement dépendra d'un écrit aux mentions précises.

En outre, l'engagement ne saurait dépasser les possibilités patrimoniales de ce garant. Or le dirigeant caution est supposé procéder à un cautionnement commercial ; et non pas à un cautionnement civil repris par le Code de la consommation.

D'ailleurs son engagement n'est pas forcément plafonné. En tous cas, il se recharge au fil des dépenses (retraits) et des dépôts. On parle ici de cautionnement omnibus.

130) *Qu'est-ce qu'une obligation de couverture en matière de cautionnement ?* (130)

L'obligation de couverture concerne surtout les comptes bancaires des sociétés. La banque fait une ouverture de crédit (une autorisation de découvert) fixée à un certain montant (plafond). Si ce maximum utilisable n'a pas été atteint, le débiteur n'aura pas à le rembourser intégralement.

Il ne remboursera que la somme effectivement utilisée. L'obligation de couverture est ainsi l'engagement de payer jusqu'au plafond si celui-

---

129) Xavier DELPECH, L'aval d'un effet de commerce irrégulier défiguré par le droit de la consommation, D.A. 21 juin 2012 ; V. AVENA-ROBARDET, Cautionnement omnibus de l'ancien dirigeant social : méfiance... D.A. 4 février 2008 ; COUR DE CASSATION, com. 29 janvier 1991, Formalité prévue par l'art. 1326 c. civ. et cautionnement donné par un dirigeant social, D. 1991. 383.

130) Jean-Marc MOULIN, En matière de sous-cautionnement, la distinction obligation de couverture et de paiement n'est pas totalement morte, Rev. sociétés 2017. 407 ; Mathias HOUSSIN, La créance du garant financier doit être déclarée même si la garantie n'est pas encore appelée, D.A. 7 mars 2024.

ci a été dépensé. L'obligation de couverture ne doit pas être confondue avec l'obligation de règlement (son opposé).

131) *En matière de cautionnement que faut-il entendre par obligation de règlement ?* (131)

L'obligation de règlement est l'opposé de l'obligation de couverture.

La seconde concerne le maximum susceptible d'être payé par la caution (le garant), alors que la première représente la somme peut-être moindre qui aura été utilisée par l'entreprise, et que la caution devra payer au créancier (sans doute un banquier ou un fournisseur).

132) *Qu'est-ce qu'un avaliste ou avaliseur ?* (132)

L'avaliste ou avaliseur est la personne qui se porte caution du paiement d'un effet de commerce si, à son échéance, le débiteur se révèle mauvais payeur.

L'effet de commerce ainsi garantie pourrait être une lettre de change (ou traite), un billet à ordre. Le chèque n'a pas besoin d'être avalisé, puisque l'émission d'un chèque suppose que le banquier (le tiré) détient dans ses caisses une provision suffisante, pour que le bénéficiaire du chèque reçoive son dû.

---

131) Cédric HÉLAINE, Cautionnement personnel et durée du droit de poursuite du créancier, D.A. 6 juin 2023 ; Jamel DJOUDI, Les remises postérieures au crédit de compte courant profitent à la caution, D. 2004. 48.

132) Xavier DELPECH, L'aval contaminé par un vice de forme de l'effet de commerce garanti, D.A. 23 septembre 2015 ; Xavier DELPECH, Possibilité de limiter la durée de l'aval de l'effet de commerce, D.A. 14 avril 2021.

133) *Quels sont les principaux effets (documents) pouvant faire l'objet d'un aval ?* (133)

Sont susceptibles d'être avalisés : une traite (ou lettre de change) ; un billet à ordre ; et un warrant.

B. – La fragilisation de la société par les pensions alimentaires de l'entrepreneur.

134) *Qu'est-ce qu'une pension alimentaire ou aliments ?* (134)

Les aliments ou pension alimentaire représentent une somme d'argent qu'une personne doit verser à ses parents en ligne directe.

L'on dénombre une ligne directe ascendante (son père ou sa mère, son grand-père ou sa grand-mère), et une ligne directe descendante (ses enfants, ses petits-enfants).

Lors de la fixation du montant, le juge aux affaires familiales appréciera l'acuité du besoin du parent pauvre (le créancier) ainsi que la capacité financière du parent riche (le débiteur d'aliments).

Le mari ou la femme (avant le divorce) ont aussi droit à une pension ; s'ils ne peuvent s'en passer. Après le divorce, l'on parle de prestation compensatoire en vue de conserver à chacun le niveau de vie de l'époque du mariage.

---

133) Xavier DELPECH, L'aval d'un effet de commerce irrégulier défiguré par le droit de la consommation, D.A. 21 juin 2012 ; Xavier DELPECH, Possibilité de limiter la durée de l'aval de l'effet de commerce, D.A. 14 avril 2021.

134) Jean HAUSER, Insaisissable prestation compensatoire ! RTD civ. 2008. 463.

135) *Dans quelle mesure la dette d'aliments de l'entrepreneur compromettra-t-elle peut-être l'entreprise ?* (135)

Dans la mesure où ses droits financiers dans l'entreprise pourraient être vendus (cédés) afin que les créanciers d'aliments (enfants, père ou mère, etc.) soient payés.

Dans ces conditions, un associé qui jusque-là avait la majorité pourrait se retrouver dans une situation moins prééminente (à l'égard de ses coassociés).

136) *Quel est l'effet de la saisie des parts et actions d'une société ?* (136)

Les parts et les actions ont deux dimensions, l'une pécuniaire (dividendes, prix de cession) et l'autre personnelle (participation aux assemblées, vote). Le créancier saisissant prétendra valablement à leur côté financier.

Cela étant, les actions sont ici neutralisées pour leur dimension personnelle. Ce qui contrecarrera la possibilité de délibérations. La raison est que le quorum risque de ne plus pouvoir être atteint.

---

135) Mathias HOUSSIN, Pauvre débiteur : le créancier hors procédure ne subit pas les affres du temps, D.A. 21 mai 2024 ; Nicolas CAYROL, Refus de l'action en contournement de l'effacement des dettes, RTD civ. 2024. 480.

136) Anne-Valérie LE FUR, « Concilier l'inconciliable » : réflexions sur le droit de vote de l'actionnaire, D. 2008. 2015.

137) *Quel avantage a le créancier d'une pension alimentaire même en cas de faillite de l'entreprise ?* (137)

La créance de pension est une créance privilégiée. Elle sera payée en priorité par rapport aux créances chirographaires.

Si les fonds de l'entreprise en faillite son insuffisants, le paiement de la créance d'aliments se fera au prorata, dans une concurrence avec les autres créanciers privilégiés (Fisc, URSSAF, AGS ou Salariés).

Notons que pour deux mois de salaires (60 jours) les salariés sont superprivilégiés, vu le caractère alimentaire de leur créance. Pour leurs salaires impayés d'avant ces deux mois, les travailleurs sont rétrogradés au niveau (enviable) de créanciers privilégiés.

137) COUR DE CASSATION, 1re civ. 7 octobre 2015, Créance d'aliments : une compensation à sens unique, AJ fam. 2015. 677.

Partie 2. – La nécessité d'une base géographique de l'entreprise.

PLAN :

Chapitre 1. – L'importance d'un siège social pour l'entreprise.

Chapitre 2. – Le fonds de commerce et les lieux d'exposition.

Chapitre 1. – L'importance d'un siège social pour l'entreprise.

PLAN :

Section 1. – La domiciliation de l'entreprise en France ou à l'étranger.

Section 2. – La mise à disposition payante ou gratuite des locaux à l'entreprise.

Section 1. – La domiciliation de l'entreprise en France ou à l'étranger.

PLAN :

§ 1. – L'apport possible d'un immeuble à la société.

§ 2. – La question des délocalisations vers une zone favorable aux entreprises et aux profits.

§ 1. – L'apport possible d'un immeuble à la société.

PLAN :

A. – Les rudiments sur l'immeuble comme l'un des apports.

B. – La conformité de l'immeuble à sa destination.

A. – Les rudiments sur l'immeuble comme l'un des apports.

138) *Combien y a-t-il de types d'apports ?* (138)

Il y en a trois.

139) *Quels sont les types d'apports ?* (139)

Il y a : les apports en numéraire ; les apports en nature ; et les apports en industrie.

140) *En quoi consiste un apport en numéraire ?* (140)

Il consiste à mettre (maintenant ou bientôt) une somme d'argent à la disposition de l'entreprise ; pour sa création ou pour son augmentation de capital. Cette somme sera rémunérée au moyen de dividendes, si la société rapporte des profits.

Une autre mise à disposition d'argent par un associé est le compte courant d'associé. L'associé y laisse par exemple sa part de bénéfice pour que la société puisse l'utiliser. La rémunération éventuellement prévue est alors l'intérêt (intérêts créditeurs).

---

138) Jean-Marc MOULIN, Admission de la rémunération d'un apport en nature par des BSA, Rev. sociétés 2023. 31 ; Nicolas BINCTIN, La classification juridique des apports en nature, Rev. sociétés 2009. 517 ; LIENHARD, Retrait d'une société civile : reprise par l'associé de son apport en nature, 21 mai 2010.

139) Idem.

140) Didier DANET, Comptes courants d'associés : pour en finir avec un apartheid juridique, RTD com. 1993. 55.

141) *En quoi consiste un apport en nature ?* (141)

Un apport en nature consiste en un transfert de propriété d'un bien meuble ou immeuble, corporel ou incorporel au profit de la société qui se créé ou qui augmente son capital.

142) *En quoi consiste un apport en industrie ?* (142)

L'apport en industrie est la mise à disposition de son carnet d'adresses ou de son savoir-faire au profit de la société. Par exemple, pour une entreprise de restauration, le cuisinier ou le caviste offriront leur force de travail à l'entreprise.

Attention, la rémunération ne sera pas mensuelle, car il ne s'agira pas d'un contrat de travail. La rémunération de l'apport en industrie est une part des bénéfices de l'année.

143) *Quels apports n'entrent pas au capital social et ne sont pas saisissables ?* (143)

Il s'agit des apports en industrie, lesquels se composent pour une personne de connaissances, de savoirs, de tours de main, etc.

---

141) Nicolas BICHOT, Charles-Noël VAN DEN BROEK D'OBRENAN, L'apporteur peut-il voter l'apport en nature fait à la SASU dont il est l'actionnaire unique (C. com., art. L. 225-10) ? BJS juill. 2010, p. 694.

142) Catherine BERLAUD, L'apport en industrie et ses conséquences dans une SCP d'huissiers de justice ; Bernard SAINTOURENS, La distinction du contrat de travail et de la société en participation : l'apport en industrie contesté, BJS mars 2006, p. 395, Gaz. Pal. 30 mai 2013, n° 131x7.

143) Laure NURIT-PONTIER, Repenser les apports en industrie, LPA 3 juill. 2002, p. 4 ; Béatrice THULLIER, Céder toutes ses parts sociales et demeurer associé, Defrénois 28 févr. 2011, p. 357.

Leur insaisissabilité fait qu'ils ne constituent nullement une garantie de recouvrement pour les créanciers de l'entreprise (fournisseurs à crédit, banque, Urssaf, etc.).

C'est pourquoi les apports en industrie ne comptent pas dans le capital social, lequel indique aux créanciers le montant susceptible d'être utilisé pour leur paiement.

144) *Quels apports entrent dans le capital social et sont saisissables ?* (144)

Font partie du capital social, et sont par conséquent saisissables, les apports en nature et les apports en numéraire.

145) *Au maximum, quelle portion du capital représente l'apport en industrie ?* (145)

L'apport en industrie qui, déjà n'est envisageable que dans quelques types de sociétés (SARL, SNC) connaît trois plafonds cumulatifs.

1) Ne pas dépasser la moitié des autres apports ;

2) Ne pas dépasser 30.000€ ; 3) Ne pas dépasser l'apport le plus faible (en numéraire ou en nature).

---

144) Jean-Jacques Daigre, Les parts de capital de SCP peuvent faire l'objet d'une saisie-vente, sauf celles de SCP d'officiers publics ou ministériels, qui ne peuvent faire l'objet que d'une saisie conservatoire, BJS févr. 2004, p. 282.

145) Renaud MORTIER, Quand les apporteurs en industrie de SCP s'invitent au capital social... ou pas ! BJS sept. 2013, n° 110g9, p. 571.

146) *Combien de parts (au maximum) aura l'apporteur en industrie si ses coassociés ont : l'un* 400 *parts ; l'autre* 300 *parts ; et le troisième* 200 *parts ?* (146)

Il aura 200 parts au maximum, puisque l'associé le moins doté a ici 200 parts ; et que l'apporteur en industrie ne saurait dépasser.

147) *Quel type d'apport est incessible (et ne peut profiter qu'à son bénéficiaire) ?* (147)

C'est l'apport en industrie. En effet, pour le céder, il faudrait vendre l'associé lui-même, puisque son habilité, sa technicité, ne sont point détachables de sa personne.

148) *Logiquement, quelle est l'incidence du fait que l'immeuble apporté se situe en zone inondable ou bien dans un couloir d'avalanche ?* (148)

La valeur de l'immeuble doit alors être revue à la baisse. En effet, cet apport est susceptible d'être perdu si la catastrophe naturelle en question survenait.

---

146) Jean-Philippe DOM, Apport en nature et défaut d'affectio societatis : rejet d'une QPC, Rev. sociétés 2024. 564 ; Rémi DALMAU, La disparition de l'affectio societatis n'est pas à elle seule une cause de dissolution, BJS avril 2018, n° 118j7, p. 210.

147) Laure NURIT-PONTIER, Repenser les apports en industrie, LPA 3 juill. 2002, p. 4.

148) Chantal CANS, Une zone protégée par une digue demeure une zone inondable, AJDA 2016. 1527 ; CONSEIL D'ÉTAT 28 mai 2014, Évaluation de la valeur locative des bâtiments et terrains industriels, Lebon 2014 ; Julien MARTIN, La légalité du permis de construire appréciée à l'aune des risques de submersion révélés par la tempête Xynthia, AJDA 2016. 504.

De plus, il conviendra de l'assurer à un prix (plutôt élevé) tenant compte de la forte probabilité du risque d'inondation ou d'avalanche.

149) *Quelle est l'incidence du fait que l'immeuble apporté se trouve sur un terrain pollué ou bien qui comporte des matériaux critiqués tels que l'amiante ?* (149)

Le bilan écologique de cet immeuble sera déplorable. Sa valeur marchande doit alors être minorée. Car les opérations de dépollution peuvent revenir plus chères que l'immeuble lui-même. Du reste, sa destruction peut s'avérer dangereuse pour l'environnement (dissémination).

150) *Si les apports en numéraire se montent à 100.000€, les apports en nature à 150.000€, et les apports en industrie à 30.000€, à combien s'élève alors le capital social ?* (150)

Le capital social ne doit pas tenir compte des apports en industrie.

Dès lors, le capital sera d'un montant de 250.000€ (la somme des apports en nature et en numéraire).

---

149) Martine Rèmond-Gouilloud, Terrains à vendre : poison compris, D. 1992. 137 ; Jean Roussel, Nécessité d'une démolition-reconstruction et caractère décennal du désordre, RDI 2024. 535.

150) Laure Nurit-Pontier, Repenser les apports en industrie, LPA 3 juill. 2002, p. 4.

151) *Qui procède à l'évaluation des apports en nature quand les associés décident de ne pas s'en charger eux-mêmes ?* (151)

C'est un expert comptable qui, à cette occasion, porte le nom de commissaire aux apports.

152) *Qui est responsable en cas d'admission d'un bien au capital social pour une valeur finalement excessive ?* (152)

Le responsable (juridiquement et financièrement) est celui qui a procédé à l'évaluation. Ce sera donc soit l'apportant, soit le commissaire aux apports.

D'ailleurs dans les S.A., par exemple, il faut toujours l'intervention de ce professionnel du chiffre ; contrairement à ce qui se passe dans les SARL et les EURL où l'apportant pourrait suggérer la valorisation voulue.

---

151) Jean-François BARBIÈRI, Commissaire aux apports, responsabilité, mesure d'instruction in futurum : juge compétent, BJS févr. 2016, n° 114s0, p. 106 ; Jean-François BARBIÈRI, Fondement pénal du défaut d'indépendance d'un commissaire aux apports, BJS juin 2016, n° 115c6, p. 354.

152) Thierry BONNEAU, Surévaluation des apports en nature : responsabilité de l'apporteur, Rev. sociétés 2021. 522 ; Thierry BONNEAU, Surévaluation des apports en nature : responsabilité de l'apporteur, Rev. sociétés 2021. 522 ; Jacques MOURY, La sanction, en application et au-delà des textes spéciaux, de la surévaluation des apports en nature, RTD com. 2021. 853 ; Katrin DECKERT, Les associés d'une société sont recevables à demander réparation du préjudice causé par l'insuffisance des apports en nature d'un autre associé, Rev. sociétés 2017. 628.

B. – La conformité de l'immeuble à sa destination.

153) *Qu'advient-il de la procédure judiciaire intentée contre une société dont on connaît imparfaitement l'adresse ?* (153)

L'adresse du défendeur ou du demandeur est indispensable pour la recevabilité d'une action en justice. Dans les affaires civiles et commerciales, en l'absence d'adresse, le dossier est abandonné.

Il en va différemment en matière pénale où la police judiciaire s'efforce de suppléer cette carence éventuelle.

154) *Que doit-il être répondu aux créateurs d'une société qui veulent en déclarer l'existence (à la CCI ou au greffe du tribunal de commerce) si les statuts n'en mentionnent pas l'adresse ?* (154)

La démarche administrative échouera. La règle est que dans toute sa communication une société doit mentionner son adresse exacte.

153) CONSEIL D'ÉTAT 15 mars 2023, Identification du centre effectif de direction, Lebon 2023 ; Olivier STAES, Mention du siège social et du domicile : condition de validité de la déclaration d'appel, BJS févr. 2014, n° 111j9, p. 72.

154) Idem.

155) *Pourquoi ne peut-on pas dire que la question du domicile de la société soit une question sans importance ?* (155)

On ne peut négliger la question de l'adresse de la société (question de son domicile) parce que les procès et les démarches administratives y sont subordonnés.

Le dossier sera rejeté en l'absence de précision du siège social. Lorsque les créateurs indiquent une adresse, il faut par ailleurs qu'ils transmettent la preuve de leur jouissance gratuite ou payante du local ainsi désigné.

156) *Pour quelle durée maximale le créateur d'une entreprise (ou le dirigeant social) peut-il héberger cette entreprise ?* (156)

Le maximum est de cinq années.

Mais au préalable, il faut vérifier que les copropriétaires ou que le contrat de bail ne s'opposent pas à une telle domiciliation au domicile personnel.

---

155) Louis D'AVOUT, Le rattachement européen des sociétés écrit à l'encre sympathique (arrêt Edil Work), Rev. crit. DIP 2024. 572 ; Didier GUÉVEL, Destination de l'immeuble et domiciliation d'entreprise, RDI 1995. 441 ; Bernard SAINTOURENS, L'obligation d'élection de domicile en cas de nantissement du fonds de commerce, RTD com. 2011. 313.

156) Didier GUÉVEL, Destination de l'immeuble et domiciliation d'entreprise, RDI 1995. 441.

157) *Quelle est la durée minimale du contrat de domiciliation conclu (par une entreprise qui n'a pas encore de locaux) avec une société de domiciliation ?* (157)

Il s'agit d'une durée de trois mois, renouvelable par tacite reconduction. Nul ne pouvant (en général) s'engager de façon perpétuelle, une résiliation est toujours possible, en respectant toutefois un délai de préavis.

La société de domiciliation doit (si nécessaire) signaler au greffe du tribunal de commerce le fait qu'une entreprise domiciliée ne donne plus signe de vie et ne récupère plus son courrier.

158) *Qu'offre une société de domiciliation à l'entreprise signataire du contrat de domiciliation ?* (158)

La loi oblige chaque entreprise à disposer d'un local où ses livres comptables et sociaux peuvent être consultés (contrôlés).

La société de domiciliation offre alors cette pièce nécessaire (à l'entreprise sans locaux propres). Les réunions des actionnaires doivent pouvoir s'y faire par ailleurs.

Naturellement, une boîte aux lettres permettra d'y recevoir le courrier de la société bénéficiaire de la domiciliation.

---

157) Bernard SAINTOURENS, Résiliation du contrat de location-gérance : le caractère exploitable du fonds restitué, RTD com. 2019. 865.

158) Charley HANNOUN, La domiciliation collective d'un groupe de sociétés, BJS sept. 1994, p. 922 ; Bernard SAINTOURENS, Domiciliation d'une société commerciale dans un local d'habitation : l'incidence d'une clause d'habitation bourgeoise, BJS juin 2016, n° 115b4, p. 320.

159) ***Contre quel fléau (danger) luttent les dispositifs relatifs aux ERP (les établissements recevant du public ou établissement accueillant du public) ?*** **(159)**

Contre le feu, contre les incendies.

160) ***Pourquoi peut-on soutenir qu'un établissement recevant du public à l'étage dispose forcément d'un ascenseur ?*** **(160)**

Parce que tous les clients (sans discrimination) doivent pouvoir y accéder. Or les personnes à mobilité réduite (les handicapés en fauteuils roulants) ne peuvent pas prendre les escaliers.

161) ***Quel Code français indique comment bâtir de façon que les immeubles soient les plus solides et les plus fonctionnels possibles ?*** **(161)**

C'est le Code de la construction et de l'habitat.

---

159) Nathalie BOURZAT, E... comme établissement recevant du public « à vocation sportive », JS 2013, n°133, p.48 ; Jean-Pierre PETITEAU, Activités touristiques - Hébergements touristiques - La sécurité incendie dans les moindres recoins, JT 2012, n°146, p.45.

160) Bernard QUIGNARD, Gestion de l'immeuble. La réglementation concernant les ascenseurs, AJDI 1997. 841.

161) Samuel SEROC, Acquéreur d'un bien vendu en vertu d'un contrat de vente en l'état futur d'achèvement et notion de propriétaire de l'immeuble menaçant ruine au sens de l'article L. 511-2 du Code de la construction et de l'habitat, Gaz. Pal. 27 oct. 2020, n° 389y6, p. 39.

162) *A partir de combiens de visiteurs un bâtiment accueillant (ou recevant) du public entre-t-il dans la catégorie la plus délicate pour les sauveteurs ?* (162)

Au-delà de 1500 personnes, le personnel compris. Un semblable établissement est alors classé en 1ère catégorie.

163) *Quel Code parle de la prévention des risques naturels tels que les inondations et les avalanches ?* (163)

Le Code de l'environnement.

164) *Dans quelle mesure un bâtiment à usage professionnel (et recevant du public) est-il envisageable dans une zone manifestement inondable ?* (164)

Les principaux risques qui justifient qu'un terrain soit déclaré inconstructible sont l'avalanche et l'inondation. Or, chacun des ces risques est en principe saisonnier.

---

162) Nathalie Bourzat, E... comme établissement recevant du public « à vocation sportive », JS 2013, n°133, p.48 ; Jean-Pierre Petiteau, Activités touristiques - Hébergements touristiques - La sécurité incendie dans les moindres recoins, JT 2012, n°146, p.45.

163) Conseil d'État 24 juillet 2006, Application immédiate des projets de plan de prévention des risqué naturels prévisibles, Lebon 2006.

164) Chantal Cans, Une zone protégée par une digue demeure une zone inondable, AJDA 2016. 1527 ; Julien Martin, La légalité du permis de construire appréciée à l'aune des risques de submersion révélés par la tempête Xynthia, AJDA 2016. 504.

Certaines communes délivrent dès lors (en application du Code de l'urbanisme) des permis de construire (des bâtiments) utilisables lors des saisons tranquilles.

Des restaurants et des guinguettes ouvrent ainsi au bord de fleuves et rivières en été. Mais en cas de drame pour les clients, il est certain que les élus et l'entrepreneur se retrouveront en justice.

165) *De quels points, notamment, l'entrepreneur doit-il se préoccuper pour disposer de locaux aux normes ?* (165)

L'entreprise doit notamment songer à :

1) La sécurité incendie ;

2) l'aération et l'assainissement ;

3) la lumière et l'éclairage ;

4) la taille des bureaux ;

5) les toilettes et vestiaires ;

6) une salle de restauration et/ou de repos ;

7) l'exposition minimale aux bruits.

§ 2. – La question des délocalisations vers une zone favorable aux entreprises et aux profits.

PLAN :

A. – La délocalisation de l'entreprise dans le pays même.

---

165) Martine Rèmond-Gouilloud, Terrains à vendre : poison compris, D. 1992. 137 ; Jean Roussel, Nécessité d'une démolition-reconstruction et caractère décennal du désordre, RDI 2024. 535.

B. – La délocalisation de l'entreprise vers l'étranger lointain ou proche.

A. – La délocalisation de l'entreprise dans le pays même.

166) ***Pour quels trois groupes de personnes les zones franches urbaines présentent-elles un intérêt ?*** **(166)**

D'une part les entrepreneurs (activités moins coûteuse qu'ailleurs).

D'autre part, les chômeurs (dorénavant en emploi).

De troisième part les autorités publiques (moins de demandeurs d'emploi à indemniser ; espérance de prélèvement obligatoire au profit des caisses publiques).

167) ***Quel intérêt une zone franche urbaine présente-t-elle pour un entrepreneur ?*** **(167)**

Celui d'être dispensé du paiement des taxes et des impôts pendant un certain temps.

---

166 R. Grand, Maintien des zones franches urbaines jusqu'en 2014 ? D.A. 27 juillet 2011 ; Pierre-Yves Verkindt, La fin des zones franches, RDSS 2002. 68.

167) Conseil d'État 27 décembre 2019, Conditions d'exonération d'impôt sur les bénéfices industriels et commerciaux des entreprises créées dans les zones franches urbaines, Lebon 2019 ; Conseil d'État 27 juillet 2012, La limitation des exonérations sociales en zones franches urbaines n'est pas contraire à la Conv. EDH, Lebon 2012.

168) *Dans quelle mesure les habitants d'une zone franche urbaine peuvent-ils en saluer la mise en place ?* (168)

Dans la mesure où le chômage diminuera dans leur zone, puisque les entreprises qui s'y installent devront recruter une certaine proportion de salariés sur place.

Et puis l'arrivée d'une entreprise encourage d'autres à s'installer. Ce qui dynamisera progressivement le secteur en question.

169) *Quelles deux conséquences paradoxales les zones franches urbaines présentent-elles pour les autorités publiques elles-mêmes ?* (169)

D'un côté, les autorités publiques seront heureuses de voir refluer le chômage dans la zone en question.

Mais d'un autre côté, la dispense de taxes et impôts emporte un manque à gagner pour les finances de l'État.

---

168) CONSEIL D'ÉTAT 27 décembre 2019, Conditions d'exonération d'impôt sur les bénéfices industriels et commerciaux des entreprises créées dans les zones franches urbaines, Lebon 2019 ; CONSEIL D'ÉTAT 27 juillet 2012, La limitation des exonérations sociales en zones franches urbaines n'est pas contraire à la Conv. EDH, Lebon 2012 ; R. GRAND, Maintien des zones franches urbaines jusqu'en 2014 ? D.A. 27 juillet 2011.

169) Idem.

170) ***Comment s'appelle l'incitation financière que fait miroiter une personne publique pour que des structures privées (associations, entreprises) s'intéressent à des zones géographiques ou à des secteurs d'activités ?*** **(170)**

C'est une subvention. Celle-ci est logiquement (et juridiquement) ponctuelle. En effet, il n'y a pas de droit acquis à la reconduction de la subvention d'une sur l'autre.

171) ***Qui prend les mesures facilitatrices de l'installation de médecins dans un désert médical, lorsque ce n'est pas la collectivité territoriale "sous-dotée" elle-même ?*** **(171)**

C'est la Sécurité sociale, par l'une de ses branches (ou risques) qu'est l'Assurance maladie (la CPAM).

Trois catégories de contrat sont envisageables avec les médecins intéressés.

---

170) TRIBUNAL ADMINISTRATIF DE POITIERS 27 avril 2016, Une commune peut-elle décider de rembourser des impôts à ses habitants ? AJDA 2016. 881 ; Frédéric Dieu, La distinction délicate entre subvention et délégation de service public, AJDA 2006. 1615 ; David Moreau, Les risques de requalification des subventions aux associations en marchés ou en délégations de service publics, AJDA 2002. 902.

171) Bruno LEHNISCH, Les collectivités territoriales à l'épreuve des déserts médicaux, AJCT 2021. 500 ; Francisco JORNET, Le droit applicable à l'installation des professionnels de santé libéraux sur un territoire, RDSS 2009. 108.

172) *Jusqu'à quel montant l'entrepreneur pourrait-il percevoir de l'ANCT pour son installation dans une zone désertée ?* (172)

L'ANCT (L'Agence Nationale de la Cohésion des Territoires) peut débourser jusqu'à 80.000 euros aux entrepreneurs.

L'idéal étant que, dans le respect de l'environnement, le candidat projette, dans les 36 mois, de satisfaire un besoin en souffrance dans la zone (forcément rurale) qu'il se sera choisie.

173) *Comment appelle-t-on un bail de très longue durée relatif à un terrain sur lequel le bénéficiaire plantera, et/ou construira, avant de le restituer à l'échéance convenue ?* (173)

Cela s'appelle l'emphytéose ou bail emphytéotique.

Dans sa parution du 23 juin 2013, la revue LE COURRIER DES MAIRES et des élus locaux comportait un article recensait *« Les outils des collectivités territoriales pour valoriser leur domaine »*. Ce bail était l'une des techniques proposées.

---

172) Loïc Levoyer, La protection des intérêts financiers des personnes publiques, RFDA 2024. 571 ; Olivier JASPART, Le casse-tête des aides d'État et de la commande publique, JA 2022, n°655, p.29 ; Antoinette HASTINGS et Laetitia JANICOT, Penser la différenciation territoriale et financière, RFFP mai 2023, p. 23.

173) COUR DE CASSATION, 3e civ. 3 octobre 1991, Définition de l'emphytéose, D. 1991. 239 ; CONSEIL D'ÉTAT 19 novembre 2013, Avant 2011, le bail emphytéotique administratif ne pouvait être employé que pour construire, Lebon 2013 ; CONSEIL D'ÉTAT 16 février 2005, Dans le cadre de baux emphytéotiques le bailleur n'est pas le maître d'ouvrage des travaux entrepris sur le bien loué, Lebon 2005.

B. – La délocalisation de l'entreprise vers l'étranger lointain ou proche.

174) *Vers quels types de pays la délocalisation a-t-elle souvent lieu ?* (174)

Vers les pays dits « *à bas coûts* » ; en général les pays en voie de développement ; ce fut longtemps la Turquie, puis la Chine. Dorénavant la préférence des capitalistes va au Bangladesh, au Vietnam et à l'Éthiopie (un pays d'Afrique).

Les avantages de la délocalisation dans de tels pays est le peu de contraintes réglementaires, ainsi que de dérisoires salaires et cotisations sociales.

Il y a néanmoins des délocalisations intra-européennes, par exemple de la France à la Pologne, ou à la Roumanie, ou à la Slovénie.

175) *Contre quel phénomène est censé lutter le « made in France » ?* (175)

Contre l'envahissement de la France par les produits étrangers obtenus au mépris des travailleurs et de l'environnement. L'indication que le produit a été fabriqué en France est censé aider les consommateurs à acheter de façon responsable et patriotique.

---

174) Christophe RADÉ, Restructurations et délocalisations, Droit social 2006. 289 ; P. A., Délocalisations - Les territoires ruraux font de la résistance, Tourisme et Droit 2007, n°86, p.9

175) Virginie BRUNOT et Anne-Sophie CANTREAU, Le "made in France" : des moyens techniques au service de la traçabilité, Gaz. Pal. 22 janv. 2011, p. 13 ; Mai-Lan DINH, Concurrence déloyale : l'évaluation du préjudice résultant de pratiques commerciales trompeuses, LPA 26 août 2020, n° 153x3, p. 7.

Le problème est qu'il n'y a pas encore d'obligation générale (d'obligation UE), pour les entreprises, d'indiquer l'endroit où une marchandise a été produite.

Quand parfois une obligation particulière de marquage existe, il revient alors à la Douane et à la DGCCRF d'en contrôler le respect. Dès lors, l'apposition d'indications inexactes est une fraude sanctionnée par divers textes.

176) *Comment s'appelle la catastrophe (et le pays) où des centaines de couturières sont mortes parce que leur fragile atelier de confection s'était effondré ?* (176)

Ce drame dans lequel plus d'un millier de personnes sont mortes écrasées (le 24 avril 2013) est connu sous l'expression de RANA PLAZA.

C'était le nom de l'atelier de confection effondré, lequel se trouvait à DACCA, la capitale du BANGLADESH.

177) *Peut-on dire que l'effondrement brusque d'immeubles est possible en France aussi ?* (177)

Oui. Par exemple, le 3 mai 2004, un terminal de métro de l'aéroport Charles De Gaulle (le TERMINAL 2E) se sera effondré. Le bilan aura été de trois morts et sept blessés graves.

---

176) Fleur LARONZE et René de QUENAUDON, Réflexions juridiques après la tragédie du RANA PLAZA, Rev. trav. 2013. 487.

177) Alexandre PAULIN, Responsabilité civile du fait des bâtiments en ruines : conditions et options, LPA 17 août 2018, n° 137n0, p. 7 ; CONSEIL D'ÉTAT 27 septembre 2006, Responsabilité d'une commune dans l'exercice de ses pouvoirs de police des édifices menaçant ruine, Lebon 2006.

Son concepteur était pourtant l'un des meilleurs architectes au monde (Paul ANDREU), tandis que la réalisation avait été confiée à une entreprise digne de confiance.

De même, à Marseille, dans la rue D'AUBAGNE, huit habitants auront été ensevelis durant leur grasse matinée du 05 novembre 2018.

178) *Que faut-il entendre par RSE, notamment à propos des multinationales ?* (178)

La RSE est l'acronyme rendant compte de la nécessaire Responsabilité Sociétale des Entreprises. Normalement, la responsabilité est une obligation juridique extérieure à soi-même.

Au contraire, il s'agira ici d'une volonté unilatérale de l'entrepreneur concerné ; c'est sa morale ou sa foi religieuse qui le guide. Il s'oblige à intégrer diverses préoccupations (protection de l'environnement, équité à l'égard des partenaires, considération pour les salariés).

Pour leur communication, certaines entreprises se placent sous un label international bien connu : la norme ISO 26000.

Mieux, un devoir de vigilance existe dorénavant à la charge des donneurs d'ordre, lesquels doivent s'informer sur les modalités de fonctionnement de leurs sous-traitants. Ceux-ci doivent respecter les droits humains et l'environnement.

---

178) Paul LE FÈVRE et Victoire STEPHAN, Devoir de vigilance : premières applications pratiques, D. 2024. 1471.

179) *Pourquoi le boycott (ou boycottage) des produits venant de l'étranger et qui ne respectent pas la RSE semble voué à l'échec ?* (179)

Parce que les consommateurs veulent acheter des produits bon marché.

Certes beaucoup de ces citoyens sont quand même tristes des conditions de travail des ouvriers des pays étrangers en question (travail des enfants, journée interminable, paie insignifiante, absence de droits sociaux).

En outre, l'appel au boycott peut être regardé comme discriminatoire. Par exemple, à l'égard des productions obtenues par des agriculteurs israéliens ("les colons") en territoire palestinien disputé (annexé). On pourrait penser qu'il y a de l'antisémitisme (contre juifs).

180) *Pourquoi les entreprises délocalisent-elles leurs usines vers d'autres pays ?* (180)

La délocalisation d'entreprises s'explique d'abord par une recherche d'économies sur les salaires versés et sur le prix des matières premières nécessaires.

Ensuite, le taux d'imposition est parfois faible dans les pays du Sud ou de l'Est.

Sans compter que les règles protectrices des salariés sont moins rigoureuses.

---

179) Sabrina LAVRIC, Appel au boycott de produits israéliens : pas de provocation à la discrimination, D.A. 24 octobre 2023 ; S. LAVRIC, Discrimination commerciale fondée sur un boycott illégal, D.A. 8 février 2008.

180) Héloïse MEUR, Le droit international privé face aux délocalisations des centrales de services de la grande distribution, LEDICO mai 2021, n° 200b2, p. 7 ; Julien GUINOT-DELERY et Charles-Édouard RENAULT, Le crédit d'impôt en faveur des films étrangers tournés en France, Gaz. Pal. 19 mai 2009, p. 20.

181) *Quels motifs peuvent plaider en faveur d'une relocalisation, par les entreprises, de leur production en France ?* (181)

Il se trouve que dans les pays en voie de développement (les pays du sud), les personnels ne disposent pas forcément de la qualification et du sérieux attendus.

Ensuite, les autorités locales peuvent s'avérer tatillonnent et adeptes de dessous de table (racket et corruption).

D'un autre côté, la facture environnementale est élevée, compte tenu du recours à divers moyens de transport plus ou moins polluants. Par ailleurs, les pays développés (auxquels les produits sont destinés) peuvent subordonner l'importation au paiement d'importants droits de douane.

A ce propos, il est régulièrement reproché à l'Union européenne de ne point utiliser cette arme douanière. Or la Chine et les USA en abusent certainement. Enfin, l'on peut songer au patriotisme des entrepreneurs : créer des emplois dans leur propre pays en adoptant le *« fabriqué en France »* (made in France).

---

181) Claude ROUAM, L'Union européenne face aux pays d'Europe centrale et orientale : Délocalisations industrielles ou harmonisation des conditions de concurrence ? RMCUE 1994. 643 ; Marie-Ange Moreau, Patrick STAELENS et Gilles TRUDEAU, Nouveaux espaces économiques et distorsions sociales, Droit social 1993. 686.

182) *Quelle réflexion aura résulté des la pandémie de Covid-19 relativement aux délocalisations d'entreprises ?* (182)

La réflexion est qu'il n'était pas judicieux ou prudent d'attendre des pays étrangers les produits essentiels à la vie. C'est une question de souveraineté (économique, alimentaire, sanitaire, etc.).

Néanmoins l'autarcie (se suffire à soi-même) est impossible ; du fait notamment des contraintes géologiques ou climatiques. Par exemple, sur (sous) son territoire la France n'a pas de pétrole (pour ses moteurs), ni d'uranium (pour ses centrales nucléaires).

183) *À quoi renvoie la notion populaire de paradis fiscal ?* (183)

Cela renvoie mentalement à des pays dans lesquels se refugient les firmes internationales, prétendant en relever fiscalement, de façon à ne point payer d'impôt (sur les sociétés) en France.

L'idée étant que dans le pays retenu comme siège social la fiscalité apparait avantageuse (modérée). Or, ces entreprises fraudeuses ou seulement immorales ne disposent souvent que d'une simple boîte aux lettres dans un tel pays.

C'est à ce niveau qu'il faut distinguer l'optimisation fiscale (déplorable car immorale) de la fraude fiscale (condamnable car illégale).

Dans les deux cas, le modèle social (français, européen) se trouve privé de sources de revenus.

---

182) Nathalie De Grove-Valdeyron, La pénurie d'équipements médicaux de première nécessité et de médicaments : que fait l'Union européenne ? Rev. UE 2020. 334.

183) Julien Briot, Les paradis fiscaux, Rev. UE 2022. 443 ; Éric Vernier, Paradis fiscaux et barrières juridiques, Les cahiers de la justice 2022. 249 ; Miren Lartigue, Impôt minimum de 15 % sur les bénéfices des grands groupes : la réforme entre en vigueur, D.A. 12 janvier 2024.

184) *Pourquoi la France est-elle parfois regardée comme un enfer fiscal ?* (184)

Parce que près de la moitié de la richesse produite chaque année revient à l'État (fisc) et à la Sécurité sociale (URSAFF).

Les sommes en question sont destinées à financer le modèle social français, lequel est très généreux et protecteur pour les habitants, y compris les étrangers (même sans papier). La gratuité est notamment offerte en matière d'éducation et de santé.

Dans les autres pays (surtout non-européens), l'on se ruine relativement à ces deux postes de dépenses.

185) *Quels deux pays de l'Union européenne (ou associés à elle) sont-ils regardés comme des paradis fiscaux ?* (185)

Pendant longtemps, l'on a cité le Luxembourg, Jersey, la Suisse, Andorre, le Lichtenstein, etc.

Ces pays auront même figurés sur des listes noires recensant les paradis fiscaux.

---

184) Frédérique PÉROTIN, ISF, bouclier fiscal : les expatriations au cœur du débat fiscal, LPA 8 nov. 2010, p. 3.

185) Julien BRIOT, Les paradis fiscaux, Rev. UE 2022. 443 ; Éric VERNIER, Paradis fiscaux et barrières juridiques, Les cahiers de la justice 2022. 249.

186) *Quel pays de l'Union européenne (qui avait voulu rendre son système fiscal très attractif) aura été condamné à réclamer des impôts à une firme internationale ?* (186)

L'on peut citer l'Irlande et le Luxembourg.

Plusieurs firmes internationales bénéficiaient de cette fiscalité compétitive ; en particulier les GAFAM (Google, Apple, Facebook, Amazon, Microsoft).

187) *Pourquoi les entreprises chinoises investissent-elles (délocalisent-elles) en occident, par exemple en France ?* (187)

Pour plusieurs raisons. D'une part, pour faire un bond technologique, grâce aux personnels biens formés de la France, et grâce aux marques et les brevets des entreprises rachetées.

D'autre part, pour se rapprocher de leur clientèle occidentale ; ce qui permet des économies de transport des marchandises, ainsi que l'échappement à d'éventuels droits de douane consécutifs à des guerres commerciales (entre pays).

---

186) Frédérique PERROTIN, La liste noire des paradis fiscaux européens remaniée, LPA 19 déc. 2019, n° 149z0, p. 8 ; Ludovic ARBELET, L'ambivalence européenne dans la lutte contre l'évasion fiscale des entreprises, D.A. 19 avril 2016.

187) Adeline BENOIT et Clément BARRILLON, La réforme du contrôle des investissements étrangers en France : entre attractivité et protectionnisme, Gaz. Pal. 24 mars 2020, n° 376m0, p. 48.

188) *Faut-il s'émouvoir de la nationalité des investisseurs et rejeter peut-être les investissements chinois ?* (188)

Le patriotisme économique incite à se préoccuper de la nationalité des investisseurs. Ainsi, quand un Français est très riche, chacun a l'impression de l'être aussi.

En vérité, ce qui compte c'est le fait que l'entreprise paie des impôts en France, aidant ainsi au financement du modèle social français. En outre, les entreprises étrangères implantées en France offrent des emplois aux travailleurs.

Enfin, si les investisseurs étrangers achètent des vignobles, des châteaux, des ports ou des aéroports, l'on est certain qu'ils ne pourront jamais les emporter dans leur pays.

En revanche, le risque est indéniable pour les brevets et les secrets de fabrication, lesquels sont précisément déplaçables.

Section 2. – La mise à disposition payante ou gratuite des locaux à l'entreprise.

PLAN :

§ 1. – Le bail commercial sur le local à usage professionnel.

§ 2. – Le prêt à usage ou commodat sur le local à usage professionnel.

---

188) Céline VERNEY et Louis-Nicolas RICARD, Le contrôle des investissements étrangers en France, Préserver l'attractivité de l'économie française tout en protégeant les intérêts stratégiques nationaux – Un pari réussi ? Cahiers de droit de l'entreprise n° 5, Septembre-Octobre 2024, dossier 33.

§ 1. - Le bail commercial sur le local à usage professionnel.

PLAN :

A. – Les conditions du bail commercial.

B. – Les questions de renouvellement et de résiliation du bail.

A. - Les conditions du bail commercial.

189) ***Qu'est-ce qu'un bail ?*** **(189)**

Un bail ou contrat de bail est le contrat de location d'un bien immeuble. En contrepartie de la jouissance de ce bien d'autrui, le preneur (ou locataire) payera un loyer au bailleur du terrain ou du bâtiment en question.

Dans un bail (d'habitation), le bailleur n'est pas forcément le propriétaire de l'immeuble, mais éventuellement un usufruitier ; voire un simple locataire (phénomène de la sous-location).

190) ***Que faut-il entendre par statut des baux commerciaux ?*** **(190)**

Le statut des baux commerciaux représente l'ensemble des règles dérogatoires du droit commun du bail.

---

189) Laurent LEVENEUR, Contrat de bail, DPE = UBU ?, Contrats Concurrence Consommation n° 3, Mars 2023, repère 3.

190) Patricia HAAS, Immatriculation au RCS et revendication du statut des baux commerciaux, AJDI 2022. 357 ; Fabien KENDÉRIAN, Le statut de fonctionnaire ne permet pas de bénéficier du statut des baux commerciaux : quand un statut protecteur en chasse un autre, RTD com. 2011. 315.

Des dérogations mises en place au profit des sociétés, des commerçants et des artisans. Il s'agit de leur assurer la pérennité d'un local d'exploitation de leurs activités.

191) *Que faut-il entendre par l'expression bail commercial ?* (191)

C'est la mise à disposition payante d'un local au profit d'un professionnel immatriculé, lequel l'utilise effectivement (de façon effective) pour du commerce, de l'industrie ou de l'artisanat.

La seconde condition est d'existence du bail commercial est que cette exploitation génère une clientèle propre et autonome. De ces trois conditions (immatriculation, exploitation, clientèle) découlent diverses conséquences.

On les résume dans l'expression *« statut des baux commerciaux »*.

192) *Quels deux textes contiennent la réglementation relative aux baux commerciaux ?* (192)

Le premier texte est le décret de 1953 (du 30 sept.), et le second, le Code de commerce (art. L145-1 à L145-60).

Attention, s'appliquent par ailleurs au bail commercial les règles prévues pour tous les baux par le Code civil.

---

191) Christophe DENIZOT, Statut des baux commerciaux, local et clientèle propre, AJDI 2005. 128 ; COUR DE CASSATION, Civ. 3, Action en requalification d'un contrat en bail commercial et point de départ du délai de prescription biennale, DEF flash 14 juin 2023, n° DFF208c7.

192) Laurent RUET, Baux commerciaux, DEF 21 sept. 2023, n° DEF216f9 ; Thomas LEANDRI, L'utilisation des outils numériques d'aide à la rédaction des baux commerciaux et la technique contractuelle, Loyers et Copropriété n° 12, Décembre 2024, dossier 7.

Mieux, il faut toujours revenir au contenu de celui-ci quand il n'existe pas de règle spécifique dans les deux sources précitées.

193) *Quelles conditions minimales le bailleur doit-il remplir pour consentir valablement un contrat de bail commercial* (193)

Il doit être capable, c'est-à-dire être un majeur sain d'esprit.

Ensuite et surtout, il doit être propriétaire du bien ainsi donné en location ; c'est-à-dire pas un simple usufruitier, et moins encore un locataire.

194) *D'après le Code civil* (*art.* 595, *al.* 4) *quelle condition particulière doit remplir l'usufruitier pour pouvoir* (*par exception*) *consentir un bail commercial ?* (194)

Cette condition est l'accord du nu-propriétaire. Car ce dernier sera un jour propriétaire à part entière.

Or, le bien risquera de se trouver assujetti à un bail de très longue durée contre son gré.

---

193) Thierry Revet, L'usufruitier de terres agricoles peut être autorisé par le juge à conclure seul un bail commercial, RTD civ. 2005. 804 ; Marie-Pierre Dumont-Lefrand, Conséquences de la transmission d'un bail commercial conclu par un usufruitier seul, AJDI 2008. 287.

194) Emmanuel Dockès, Essai sur la notion d'usufruit, RTD civ. 1995. 479 ; Frédéric Planckeel, La combinaison de l'usufruit et du bail, RTD civ. 2009. 639 ; Thierry Revet, Natures juridiques respectives de la nue-propriété et de l'usufruit, RTD civ. 2008. 512.

195) *D'après le Code civil (art. 1425) à quelle condition un immeuble de la communauté matrimoniale peut-il être donné en bail commercial par l'un des époux tout seul ?* (195)

À la condition que l'autre époux soit d'accord. Sinon le contrat lui sera inopposable.

C'est-à-dire que le contrat sera valable, mais inapplicable aussi longtemps que l'époux (ou l'épouse) signataire ne sera pas devenu le seul propriétaire de l'immeuble donné à bail.

196) *A quelle condition un immeuble détenu en indivision peut-il être donné en bail commercial ?* (196)

A la condition que tous les indivisaires soient d'accord pour ce bail commercial. Ici encore, la sanction n'est pas la nullité (l'annulation sur demande) mais l'inopposabilité.

Le preneur aura donc un contrat valable mais qu'il ne pourra faire prévaloir. A moins que le signataire du bail devienne le seul propriétaire de l'immeuble, par exemple, en rachetant la part des autres indivisaires (copropriétaires).

---

195) Jean-Loup COURTIER, Différence de sanction entre le dépassement des pouvoirs et la fraude en matière de régimes matrimoniaux, LPA 21 juin 2002, p. 15 ; Michel CABRILLAC, Un époux ne peut se porter avaliste d'un billet à ordre sur des biens communs sans l'autorisation de son conjoint, D. 1997. 261.

196) Elsa GUÉGAN, Pas de nullité sans décision d'annulation ! Rev. sociétés 2023. 155 ; Yves ROUQUET, Signature d'un bail commercial : preuve du mandat et indivision, D.A.16 décembre 2015.

197) *Dans quelle mesure un tuteur peut-il consentir un bail commercial ?* (197)

Dans la mesure où il en aura reçu l'autorisation. Celle-ci proviendra du conseil de famille en cas de tutelle de mineur.

L'autorisation proviendra en revanche du juge du contentieux de la protection (l'ancien juge des tutelles) s'agissant d'un majeur sous tutelle.

Attention : ce juge a plus généralement le droit de concéder des autorisations pour la gestion du patrimoine de tout incapable (mineur et majeur).

198) *Quelles trois conditions le locataire doit-il remplir pour bénéficier du statut des baux commerciaux ?* (198)

D'une part, le locataire doit être une société, un commerçant ou un artisan.

D'autre part, il doit effectivement (de façon effective) exploité un fonds de commerce dans le local loué.

De troisième part, il doit être immatriculé au RCS (registre du commerce et des sociétés) ou au registre des métiers (pour un artisan).

---

197) Danielle MONTOUX et Jacques LAFOND, Bail commercial consenti par le tuteur d'une personne protégée : particularités, Loyers et Copropriété n° 12, Décembre 2021, form. 11.

198) Fabien KENDÉRIAN, Le statut de fonctionnaire ne permet pas de bénéficier du statut des baux commerciaux : quand un statut protecteur en chasse un autre, RTD com. 2011. 315 ; Patricia HAAS, Immatriculation au RCS et revendication du statut des baux commerciaux, AJDI 2022. 357.

199) *Quels critères sont exigés du local susceptible de donner lieu à un bail commercial ?* (199)

D'abord, sa stabilité physique ; ce ne sera pas, par exemple, une roulotte (déplaçable).

Ensuite, le local doit avoir été aménagé pour recevoir la clientèle. Il y aura en sus l'exigence d'accessibilité de tous (y compris en fauteuils roulants).

200) *Dans quelles deux hypothèses, par exemple, le bail commercial doit être écrit ?* (200)

Premièrement, quand la durée du bail dépasse 12 ans. Deuxièmement, quand le bail concerne un débit de boissons (CGI, art. 504). Autrement dit, comme tous les contrats commerciaux, le bail commercial est valable et démontrable sans besoin du moindre écrit.

Certes la loi prévoit de temps à autre, comme ici, l'exigence d'un écrit, pour la preuve et éventuellement aussi pour la validité.

---

199) Ludovic MAUPAS, La soumission des locaux « accessoires » au bail commercial, RTD com. 2016. 365 ; COUR D'APPEL DE GRENOBLE 10 février 2022, Le bail d'un parking peut constituer un bail commercial, AJDI 2022. 446 ; Y. ROUQUET, Bail commercial : indécence du local d'habitation, D.A. 22 octobre 2009.

200) Yves ROUQUET, Un bail professionnel verbal est valable, AJDI 2002. 225 ; COUR D'APPEL DE PARIS 8 mars 2002, Validité de la clause interdisant la cession sans consentement exprès et par écrit du bailleur, AJDI 2002. 688.

201) *Quelle difficulté est inhérente au bail commercial (ou à tout contrat) verbal ?* (201)

Le contrat verbal (ou contrat oral) est valable en droit français, en application du principe du consensualisme.

Mais cette validité est un piège. Car (en général) un contrat civil d'une valeur supérieure à 1500€ doit forcément être prouvé au moyen d'un écrit. Il s'agit donc d'une difficulté probatoire à envisager.

Heureusement, en matière commerciale, il y a la liberté de la preuve. On admet la preuve par tous moyens légaux (pas de documents volés, pas de courriers interceptés, etc.). La preuve fournie doit par ailleurs être loyale : pas de filature sauvage ; pas d'enregistrements clandestins.

Finalement, ne restent quasiment (comme preuves non écrites) que l'intervention de l'huissier et le témoignage. Notons que si le témoignage s'appelle une attestation lorsqu'il est fait par écrit, et non pas oralement donc.

202) *Quelle est la durée classique (normale) d'un bail commercial ?* (202)

C'est neuf ans (au moins). Toutefois, les parties peuvent préférer retenir une durée de six ans, voire de trois ans.

---

201) Dimitri HOUTCIEFF, Le bail commercial conclu à distance, Loyers et Copropriété n° 12, Décembre 2024, dossier 6.

202) Sarah ANDJECHAÏRI-TRIBILLAC, Le statut des baux commerciaux, vers un équilibre entre la protection des intérêts du preneur à bail commercial et du bailleur ? Loyers et Copropriété n° 10, Octobre 2024, étude 11.

203) *Comment est fixé le loyer du bail commercial au départ ?* (203)

Le loyer du bail commercial est librement fixé par les parties contractantes.

À cette période initial, des versements exceptionnels peuvent par ailleurs être dus : par exemple le droit d'entrée appelé *« pas-de-porte »* par la pratique ; par exemple encore, un dépôt de garantie.

204) *Quand le loyer du bail commercial est-il révisé ?* (204)

Il est révisé (révisable) tous les trois ans ; c'est la révision triennale. Mais, les parties peuvent convenir d'une autre périodicité.

205) *En fonction de quel(s) critère(s) a lieu la révision du montant du loyer d'un bail commercial ?* (205)

Le code de commerce recommande de se fonder sur la valeur locative (par comparaison avec les loyers de l'entourage). Cependant, le bail peut avoir prévu une augmentation proportionnelle aux recettes (au chiffre d'affaires).

Une autre possibilité est la clause d'indexation du loyer. En l'occurrence, le montant augmente ou baisse en fonction de la variation du prix d'un produit choisi au départ.

---

203) Julia POUYANNE, Retour sur les charges locatives, une liberté encadrée ? AJDI 2024. 764.

204) François CHALVIGNAC, Le retour de l'article L. 145-39 du Code de commerce : mode de révision du loyer indexé du bail commercial, La Semaine Juridique Notariale et Immobilière n° 06, 09février 2024, 1028.

205) Jacques LAFOND, Baux commerciaux : facteurs locaux de commercialité et révision des loyers fixes – Formules, Loyers et Copropriété n° 7-8, Juillet-Août 2022, form. 6.

206) *Que se passe-t-il après une période triennale du bail commercial ?* (206)

D'un côté, il y a la révision triennale du loyer ; une révision certainement attendue par le bailleur (pour une augmentation).

D'un autre côté (à l'inverse) il y a la possibilité de la résiliation unilatérale du bail par le preneur. Cette mise à mort du contrat est libre pour tout locataire.

La résiliation est beaucoup plus difficile à obtenir par le bailleur qui n'aurait pas de griefs sérieux à l'encontre du locataire (déspécialisation du fonds ; loyers impayés ; détériorations ; etc.).

207) *Qu'est-ce qu'un bail professionnel ?* (207)

C'est un bail qui porte sur un immeuble dans lequel un professionnel exerce son activité. Sachant que ce professionnel n'est ni un commerçant ou un artisan.

Tout logiquement, il ne sera donc pas inscrit au RCS ou au répertoire des métiers. Peut-être s'agira-t-il d'un avocat, ou d'un médecin, ou d'un architecte, ou d'une association.

Le cas échéant, ce ne sera naturellement pas un bail commercial.

---

206) Fabien KENDÉRIAN, Feu l'automaticité de la résiliation de plein droit légale du bail pour défaut de paiement des loyers pendant plus de trois mois après l'ouverture de la procédure collective, RTD com. 2024. 541.

207) Jean-Pierre BLATTER, Notion de convention d'occupation précaire et renonciation à la propriété commerciale, AJDI 2004. 549.

208) ***Pourquoi le bail professionnel est-il parfois moqué comme étant un faux bail commercial ?*** **(208)**

Parce qu'il n'offre pas le droit au renouvellement du bail et le droit à l'indemnité d'éviction en cas de refus du renouvellement.

De plus sa durée maximale n'est que de six ans.

B. – Les questions de renouvellement et de résiliation du bail.

209) ***Outre le paiement régulier du loyer et l'entretien correct des locaux, quelles sont les obligations du preneur d'un fonds de commerce ?*** **(209)**

Tout d'abord, le preneur du local commercial doit respecter la destination du lieu loué. Ayant par exemple reçu le local pour vendre du pain, il ne saurait y vendre du poisson.

Notre locataire doit donc éviter toute déspécialisation du fonds de commerce. Néanmoins, avec l'accord du bailleur une déspécialisation partielle, voire plénière, serait légale. Dans le premier cas, l'on ajouterait une seconde spécialisation, alors que dans le second, l'on change du tout au tout.

En second lieu, c'est au locataire lui-même d'occuper le fonds loué. Oui, pas de sous-location unilatérale (c'est-à-dire sans l'accord du bailleur).

---

208) COUR D'APPEL DE PARIS 27 juin 2024, Dérogation au statut des baux professionnels : l'intitulé « bail commercial » est insuffisant, AJDI 2024. 690 ; Yves ROUQUET, Un bail professionnel verbal est valable, AJDI 2002. 225 ; Fabien KENDÉRIAN, Notion de bail professionnel et conditions du passage au bail commercial, RTD com. 2017. 37.

209) Yves ROUQUET, Crédit-bail, sous-location et propriété commerciale, D. 2003. 136.

210) *Quelle différence faut-il faire entre la résolution (ou la résiliation) du bail et sa nullité (ou son annulation) ?* (210)

Le point de départ est la réponse à la question de savoir si le contrat en cause était valable ou non. La validité suppose un contrat remplissant toutes les conditions nécessaires au moment de la conclusion.

Au cas contraire, ce contrat est nul ou, devrait-on préférer dire, il est annulable si la demande en est faite à la justice dans les délais prévus. Un tel contrat ne saurait produire d'effet.

S'agissant du contrat valable qui serait malheureusement contrecarré au moment de son exécution, son anéantissement ne vaudra que pour l'avenir. Les conséquences anciennes sont ainsi conservées en cas de résolution ou de résiliation.

211) *Quels quatre principaux motifs peuvent justifier la résolution du bail ou bien sa résiliation judiciaire ?* (211)

Comme motifs de fin prématurée du contrat il y a :

1) Le défaut d'acquittement du loyer ;

2) la déspécialisation des locaux ;

3) la sous-location non autorisée ;

---

210) Gabriel ECKERT, Irrégularité d'une clause de résiliation et annulation des délibérations tirant les conséquences de cette résiliation, Contrats et Marchés publics n° 5, Mai 2024, comm. 136.

211) INFOREG, Résiliation du bail commercial pour non-règlement des loyers postérieurs : vers un renforcement de la protection des locataires en redressement judiciaire ? Cahiers de droit de l'entreprise n° 5, Septembre-Octobre 2024, prat. 23.

4) la compromission de la solidité des locaux ou leur absence d'entretien.

212) *Quand le bailleur peut-il refuser au preneur la possibilité de renouveler le bail commercial ?* (212)

Quand le locataire est fautif : loyers impayés, déspécialisation, sous-location, mauvais entretien de l'immeuble.

Chacune de ces causes de refus de renouvellement constitue un motif grave et légitime.

213) *Quel délai de préavis doit respecter le preneur ou le bailleur qui ne souhaite pas que le bail soit renouvelé ?* (213)

Le délai est de six mois avant l'échéance du bail.

On parle de délivrance d'un congé à l'autre partie au contrat de bail.

---

212) COUR D'APPEL DE PARIS 3 novembre 1989, Validité du refus de renouvellement d'un bail commercial en cas de cession déguisée du droit au bail, D. 1990. 261 ; COUR DE CASSATION, 3e civ. 24 septembre 2020, Inefficacité d'un refus de renouvellement verbal, AJDI 2021. 435..

213) Yves ROUQUET, De la validité de la clause du bail commercial prévoyant un délai de préavis d'un an, D. 2001. 3046 ; Y. ROUQUET, Baux commerciaux : computation du délai de préavis, 9 juin 2009 ; Martine BÉHAR-TOUCHAIS, De la difficile appréciation du délai raisonnable du préavis pour rompre une relation commerciale établie, RDC avr. 2006, p. 431.

214) *Le bail commercial prend-il fin si à l'échéance les deux parties sont restées silencieuses sur la possibilité d'un renouvellement ?* (214)

Non, le bail se poursuit alors pour une durée indéterminée. Jusqu'à ce que l'un (ou l'autre) donne congé, en respectant les six mois de préavis.

Le bailleur peut d'ailleurs y procéder tout en proposant des conditions financières nouvelles pour un éventuel renouvellement.

215) *Qu'est-ce que le bailleur doit au preneur en cas de refus du renouvellement du bail commercial ?* (215)

Le bailleur doit une indemnité d'éviction au commerçant désormais sans abri pour son affaire. Il s'agira de la valeur du fonds de commerce perdu, ou plus exactement de la clientèle que ce commerçant n'aura plus.

A ce premier montant s'ajoutera une somme pour les frais de déménagement et pour les frais de réinstallation.

---

214) COUR D'APPEL DE CHAMBÉRY 2 avril 2024, Le bail renouvelé est un nouveau bail, AJDI 2024. 791 ; COUR DE CASSATION, 3e civ. 24 octobre 2019, Baux commerciaux (congé donné par le preneur) : lettre recommandée avec AR, D. 2019. 2088.

215) Danielle Lipman-W. BOCCARA, Refus de renouvellement avec offre d'indemnité d'éviction : droit au maintien dans les lieux, D.A. 24 septembre 2024 ; COUR D'APPEL DE LYON 6 juin 2024, Bail commercial sur le domaine privé et indemnité d'éviction : condamnation aggravée pour les Baux-de-Provence, AJCT 2024. 691 ; Corinne BOISMAIN, L'évaluation de l'indemnité d'éviction par les juges du fond, D.A. 26 novembre 2012.

216) *Quand le bailleur ayant refusé le renouvellement n'a-t-il cependant à verser d'indemnité d'éviction au preneur (ainsi) évincé ?* (216)

Quand le refus de renouvellement se fonde sur un motif grave et légitime.

Par exemple, la déspécialisation des locaux ; le défaut de paiement des loyers ; les nuisances causées au voisinage ; etc.

217) *Quand le bailleur peut-il recourir à la résolution unilatérale ou à la résiliation judiciaire, et donc à la fin anticipée du bail ?* (217)

Quand il constate un motif grave et légitime (comme dit la formule juridique).

Ainsi donc, il n'a pas à attendre que vienne l'échéance du bail ; il a le droit d'en obtenir la fin anticipée.

---

216) Danielle Lipman-W. Boccara, Refus de renouvellement avec offre d'indemnité d'éviction : droit au maintien dans les lieux, D.A. 24 septembre 2024 ; Cour d'appel de Lyon 6 juin 2024, Bail commercial sur le domaine privé et indemnité d'éviction : condamnation aggravée pour les Baux-de-Provence, AJCT 2024. 691 ; Corinne Boismain, L'évaluation de l'indemnité d'éviction par les juges du fond, D.A. 26 novembre 2012

217) Fabien Kendérian, De l'application de la résolution unilatérale par voie de notification en matière de bail commercial, RTD com. 2024. 48 ; Samuel François, L'efficacité d'une résolution unilatérale d'un bail commercial sans mise en demeure préalable, D. 2024. 756.

218) ***Du point de vue de la compétence matérielle des juges, quelle particularité présente un contentieux relatif au bail commercial ?*** **(218)**

La particularité est que l'on ne s'adresse pas au tribunal de commerce.

C'est en effet le tribunal judiciaire du lieu de situation de l'immeuble qui jugera le contentieux éventuel.

219) ***Quel est le délai de prescription des actions qui naissent d'un bail commercial ?*** **(219)**

Une distinction est à faire entre les actions classiques relatives à tous les baux et les actions relevant du statut particulier des baux commerciaux.

S'agissant du droit commun, le délai de prescription est de cinq ans. En revanche, ce délai est plus court pour les actions fondées sur le statut des baux commerciaux : seulement deux ans.

§ 2. – Le prêt à usage ou commodat sur le local à usage professionnel.

PLAN :

A. – La gratuité du prêt à usage.

B. – La fin litigieuse du prêt à usage.

---

218) Jehan-Denis BARBIER et Séverine VALADE, Compétence de la juridiction administrative pour les dommages de travaux publics même en cas de bail commercial, D.A. 26 mars 2024.

219) COUR DE CASSATION, 3e civ. 30 mai 2024, Bail commercial (prescription biennale) : suspension en cas de fraude, D. 2024. 1014.

A. – La gratuité du prêt à usage

220) *Qu'est-ce qu'un prêt ?* (220)

C'est un contrat par lequel une personne, le prêteur, remet à une seconde personne, l'emprunteur. Si l'un s'oblige à la remettre à titre gracieux, l'autre s'engage à la restituer à un moment donné.

Un prêt gratuit dégénère en location, en bail.

Dans une affaire, le loyer convenu était tellement que se sera demandé si ne s'agissait pas définitive d'un prêt à usage. Mais tant la cour d'appel saisie, que la Cour de cassation, auront répondu par la négative.

Certes, il y existait un lien d'affection entre les deux parties au contrat ; mais celui-ci comportait plusieurs clauses habituelles dans le bail : l'indexation du loyer ; une clause résolutoire ; les charges du preneur ; etc. (Cass. Civ. 3, du 27 juin 2006, 05-15.440).

221) *Quel est le synonyme romain du prêt à usage ?* (221)

C'est le terme commodat. Celui-ci s'oppose au mutuum, qui qualifie le prêt des choses consomptibles, lesquels disparaissent en cas d'usage : du sel, du sable, du ciment, de l'eau, du riz, etc. L'emprunteur restituera une chose équivalent, mais pas exactement celle qu'il aura reçue, laquelle aura disparue.

---

220) Thibault de Ravel d'Esclapon, La mise à disposition gratuite d'un bien dans une société civile immobilière, D. 2024. 1811.

221) Thibault de Ravel d'Esclapon, Prêt à usage d'immeuble : absence d'appauvrissement du prêteur, D.A. 31 octobre 2017 ; Michel Grimaldi, La concession de l'usage gratuit d'un immeuble à un héritier ne constitue pas nécessairement une donation, RTD civ. 2012. 353.

222) *Depuis quand le Code civil a-t-il abandonné l'utilisation de la dénomination romaine du prêt à usage ?* (222)

Depuis 2009. En vérité, des manuels et des revues juridiques continuent aujourd'hui encore de parler de commodat. C'est un peu comme le terme faillite qui, depuis 1959, n'est plus utilisé par la loi.

En effet, il est désormais plutôt question de liquidation judiciaire, laquelle pourrait être précédée par un redressement judiciaire, voire par une période d'observation.

223) *Par quels exemples démontrer que des entreprises privées pratiquent régulièrement la gratuité ?* (223)

Oui ; une entreprise peut accomplir des actes à titre gratuit au profit d'un particulier ou au profit d'une autre entreprise.

C'est le cas du prêt gratuit de cuves fait par les pétroliers aux stations-services ; le cas du garagiste prêtant une voiture de dépannage (voiture de courtoisie) ; le cas des charriots (caddys) mis à la disposition de clients dans les magasins.

De même, un cabinet d'avocats pourrait mettre gratuitement ses services (pro bono) au profit d'une cause. À cette sorte de mécénat de compétences s'ajoute un mécénat absolument matériel et financier au profit d'un individu, d'une association, etc.

---

222) Pierre-Yves GAUTIER, Pitié pour l'ex-commodat ! Où le prêteur se trouve à nouveau piégé, par l'autorité de chose jugée et le manquement au devoir de compétence de l'avocat, RTD civ. 2010. 129.

223) Jean-Denis PELLIER, Du caractère abusif d'une clause stipulée dans un contrat de prêt entre une entreprise et son salarié, D.A. 4 juillet 2019 ; Mathieu PASTENE, Mécénat de compétences : sécurisation en cours, JA 2024, n°704, p.29.

224) *Que faut-il savoir à propos du bénéfice gratuit et temporaire de son local par une entreprise ?* (224)

Ce sera certainement un prêt. Une telle situation ne doit pas être confondue avec l'apport en jouissance d'un immeuble.

Car si l'associé restera propriétaire du bien, son sacrifice lui ouvrira droit à une part des bénéfices éventuels de l'entreprise.

Certes, dans les deux cas, une ingénierie pourra être nécessaire pour que l'immeuble mis à disposition ne soit pas saisissable dans le patrimoine de l'entreprise utilisatrice, et pas non plus dans celui du propriétaire.

225) *Quel est l'inconvénient pour une entreprise de ne pas avoir de contrat de bail ?* (225)

L'inconvénient est qu'il n'existera pas alors de droit au bail, et donc pas non plus de propriété commerciale.

Dès lors, l'on craindra raisonnablement pour la pérennité de l'entreprise. C'est-à-dire au cas où l e propriétaire entendrait reprendre son local plus ou moins brusquement.

---

224) Thibault de RAVEL D'ESCLAPON, La mise à disposition gratuite d'un bien dans une société civile immobilière, D. 2024. 1811.

225) COUR D'APPEL DE RENNES 23 novembre 2010, Convention d'occupation précaire, bail dérogatoire et droit au statut, AJDI 2011. 143 ; Marie-Pierre DUMONT – Emmanuelle Proust, Le régime des baux de courte durée, AJDI 2024. 770.

226) *Quels prêts à usage (prêts gratuits) des entreprises font à leurs partenaires peut-être particuliers ou professionnels ?* (226)

Exemples :

1) les pétroliers (TOTAL, ESSO, etc.) prêtent des cuves aux gérants de stations service pour recevoir les carburants vendus.

2) Le garagiste offre parfois une voiture de courtoisie au client dont le véhicule ne peut être réparé rapidement.

3) Les supermarchés mettent à la disposition de leurs clients des caddies (des chariots).

227) *Pourquoi, de la part d'une entreprise qui consentirait un prêt à usage, cette qualification pourrait paraître douteuse ?* (227)

Parce que le prêteur n'aura pas forcément agi par pur altruisme. Il aura en effet d'abord et surtout visé son propre intérêt.

On ne pourra pas non plus automatiquement (à l'inverse) parler de prêt payant ; ce dernier étant en droit qualifié de location.

---

226) Philippe Le Tourneau, Les professionnels ont-ils du cœur ? D. 1990. 21 ; Charley Hannoun, La restitution en nature des cuves d'hydrocarbures constitue une atteinte à la concurrence, D. 1993. 57.

227) Conseil d'État, 12 décembre 2023, Actes pouvant être regardés comme procédant d'un abus de droit, Lebon 2023 ; Patrick Vieu, Un mythe français : la gratuité d'usage des autoroutes, RFDA 2024. 695.

228) *Qui est le propriétaire des revenus et des fruits rapportés par un bien faisant l'objet d'un prêt à usage ?* (228)

C'est le propriétaire, le prêteur qui est le bénéficiaire des fruits et des revenus de sa chose.

L'emprunteur n'a qu'un droit d'usage sur ce bien emprunté, a par exemple jugé la Cour de cassation en 2017 (11 octobre).

229) *L'individu bénéficiaire d'un prêt à usage doit-il une compensation à ses cohéritiers (frères ou sœurs) ?* (229)

Non, répond un arrêt de la Cour de cassation (11 octobre 2017). Parce que le prêt à usage n'aura pas transféré la propriété à l'emprunteur. Il n'y aura donc pas eu appauvrissement du défunt. En effet, l'immeuble (vide ou occupé) sera demeuré dans son patrimoine.

Ce raisonnement est certainement exact d'un point de vue juridique. Toutefois, l'emprunteur aura réalisé de substantielles économies en n'ayant pas à prendre en location le local dont il avait besoin. Précisément, et en sens inverse, le prêteur se sera privé de revenus possibles. Dès lors, la nécessaire égalité entre les héritiers était rompue.

Encore que cette égalité successorale s'applique à la quotité indisponible (la réserve héréditaire), et non pas sur la quotité (quantité) disponible librement utilisable (même en dons) par l'ascendant (le père ou la mère).

---

228) Béatrice VIAL-PEDROLETTI, Prêt à usage : la gratuité ne dispense pas de tout ! Loyers et Copropriété n° 7–8, Juillet-Août 2023, comm. 108.

229) Michel GRIMALDI, La concession de l'usage gratuit d'un immeuble à un héritier ne constitue pas nécessairement une donation, RTD civ. 2012. 353.

230) *Quelle est la dénomination de cette situation où tout nu-propriétaire voit une seconde personne profiter longtemps d'un bien qui lui reviendra à la fin ?* (230)

Cette situation est l'usufruit. Le bénéficiaire temporaire du bien s'appelle l'usufruitier : il dispose de l'usage (usus) et des fruits (fructus) de ce bien. Il existe deux cas principaux d'usufruit : le viager (la vente avec rentes viagères) et le partage d'ascendant.

Dans le viager, le vendeur d'un immeuble y demeurera jusqu'à sa mort. Dans l'intervalle, il recevra son prix sous forme de mensualités appelées rentes. Le prix finalement payé dépendra de la durée de vie du vendeur. Il pourrait être tentant de l'aider à trépasser. Le vendeur est l'usufruitier, et l'acheteur, le nu-propriétaire.

Dans le partage d'ascendant, un ascendant (un père ou une mère) désigne à chacun de ses futurs héritiers les biens qui recevront à sa mort. Pas de suspens ou de surprise pour les enfants. En attendant, le parent conservera le bénéfice de tous les avantages économiques de ces biens, à titre d'usufruitier.

Il n'aura plus la propriété pleine et entière des biens en question, en ce sens qu'il aura perdu le droit de les vendre ou de les donner. Néanmoins, les héritiers n'en seront pas encore devenus les propriétaires ; on les qualifie de nus-propriétaires.

Pour sourire, l'on pourrait dire qu'ils sont des propriétaires nus, économiquement parlant.

---

230) Thierry Revet, L'usufruitier de terres agricoles peut être autorisé par le juge à conclure seul un bail commercial, RTD civ. 2005. 804 ; Marie-Pierre Dumont-Lefrand, Conséquences de la transmission d'un bail commercial conclu par un usufruitier seul, AJDI 2008. 287 ; Dominique Fiorina, Les pouvoirs et les obligations de l'usufruitier d'un portefeuille de valeurs mobilières, D. 1999. 633 ; Antoine Tadros, Cession-déspécialisation par l'usufruitier, AJDI 2013. 673.

231) *Comment un homme d'affaires met-il son immeuble à la disposition de son entreprise tout en le soustrayant au risque de saisie ?* (231)

Il doit procéder à une certaine ingénierie. D'abord, créer une SCI à laquelle il apportera son immeuble. Comme il n'en sera plus propriétaire, ses créanciers ne pourront plus le saisir.

La SCI pourra ensuite donner cet immeuble en location, en bail ou en usufruit à la nouvelle entreprise créée par l'homme d'affaires. Les créanciers de cette seconde société ne pourront jamais saisir l'immeuble, car il sera la propriété de la SCI.

Quant à cette dernière, puisqu'elle n'existera que pour mettre l'immeuble à la disposition de l'autre société, elle n'aura certainement pas de dettes. N'ayant pas de dettes, elle n'aura donc pas de créancier demandant à saisir l'immeuble en question.

Ce montage doit certainement être réalisé des années avant de contracter des dettes. Sinon les créanciers crieraient à la fraude.

---

231) Cédric LATIL, De la mise à disposition gratuite d'un bien immeuble appartenant à une SCI, La Semaine Juridique Entreprise et Affaires n° 39, 26 septembre 2024, 1277 ; COUR DE CASSATION, Com., 29 mai 2024, Action paulienne : l'apport d'un immeuble à une SCI en contrepartie de parts sociales peut-il constituer un acte d'appauvrissement du débiteur ? Loyers et Copropriété n° 7, Juillet-Aout 2024, alerte 134.

B. – La fin litigieuse prêt à usage

232) *Quelle obligation l'article 1888 du Code civil fait-il peser sur le prêteur envers l'emprunteur ?* (232)

Selon ce texte : « *Le prêteur ne peut retirer la chose prêtée qu'après le terme convenu, ou, à défaut de convention, qu'après qu'elle a servi à l'usage pour lequel elle a été empruntée* ».

233) *Au regard de l'article 1889 du Code civil, quand le prêteur d'un bien peut-il le récupérer même avant l'échéance convenue pour la restitution ?* (233)

Quand il survient à ce prêteur « *un besoin pressant et imprévu de sa chose* ». Dans ce cas, si l'emprunteur refusait de restituer, le prêteur agirait en justice. C'est normal, puisque l'on ne peut se justice à soi-même ; sauf dans quelques hypothèses comme la légitime défense, le droit de rétention, l'exception d'inexécution, etc.

Or il n'est pas sûr qu'il obtiendra gain de cause ; il appartient au juge de prendre en considération les « *circonstances* ». Concrètement, ce dernier mettra en balance les besoins respectifs du prêteur et de l'emprunteur.

Plus généralement aura jugé la Cour de cassation : « *le respect de l'exercice effectif des libertés syndicales, autres que celles propres à la fonction publique territoriale, ne crée aucune obligation aux communes de consentir des prêts gracieux et perpétuels de locaux de*

---

232) François de La Vaissière, Commodat et restitution, AJDI 2015. 38 ; Prêt à usage : le prêteur est en droit d'y mettre fin à tout moment avec un préavis raisonnable, AJDI 2012. 34.

233) Idem.

leur domaine privé » (Cass. civ. 1ère, 3 juin 2010, 09-14.633, Publié au bulletin).

234) *À qui incombe-t-il d'assurer l'exécution des décisions de justice, « en accordant au besoin le concours de la force publique » ?* (234)

Cela incombe à l'autorité administrative (le préfet), indique le Conseil d'État (27 juin 2002).

Toutefois, le vieil arrêt Couitéas (C.E., 30 novembre 1923) rappelle que cette autorité se dérobera à son obligation s'il estime que des troubles à l'ordre public risquent de résulter du déplacement des pollutions vers le lieu de l'expulsion voulue.

235) *Qu'aura-t-il été jugé à propos de la décision de la société Adoma de reprendre une salle mise à la disposition de fidèles (musulmans) ?* (235)

La Cour de cassation (30 septembre 2015) a jugé « *qu'ayant retenu que la libre disposition d'une salle pour la pratique du culte musulman relevait d'un prêt à usage qui n'avait aucun terme convenu ni prévisible, la cour d'appel en a exactement déduit que la société Adoma, propriétaire des lieux, pouvait y mettre fin en respectant un*

---

234) CONSEIL D'ÉTAT 12 février 2014, Contrôle du juge sur une expulsion pour menace grave à l'ordre public, Lebon 2014 ; CONSEIL D'ÉTAT 25 novembre 2009, De la responsabilité du préfet qui refuse le concours de la force publique pour procéder à une expulsion, Lebon 2009 ; CONSEIL D'ÉTAT 27 juin 2002, Refus légal du préfet d'exécuter une décision d'expulsion, AJDA 2002. 934.

235) Cass. Civ. 1ère, 30 septembre 2015, Société Adoma, 14-25.709, Publié au bulletin ; Martine BÉHAR-TOUCHAIS, De la difficile appréciation du délai raisonnable du préavis pour rompre une relation commerciale établie, RDC avr. 2006, p. 431.

délai de préavis raisonnable, sans devoir justifier d'un besoin pressant et imprévu de la chose prêtée ».

En faveur de cet arrêt, il y a l'idée que le prêt à usage ne saurait devenir un prêt à perpétuité. Il faut en effet que le propriétaire puisse récupérer son bien à un certain moment. Toutefois, cette jurisprudence est contestable car elle affirme le contraire de ce qu'indique clairement un texte de droit, ici le Code civil.

236) *Dans quelle mesure peut-on dire que le prêteur d'un local à usage professionnel pourrait avoir du mal à le récupérer ?* (236)

Dans la mesure où, d'une part, le Code civil oblige le prêteur à laisser son bien à disposition tant que l'échéance du contrat n'est pas arrivée, ou qu'un besoin urgent et imprévu n'est pas survenu pour ce prêteur.

D'autre part, même quand la justice accordera à ce dernier le droit d'expulser l'entreprise occupante, peut-être le préfet refusera-t-il d'accorder les policiers nécessaires à l'exécution forcée du jugement.

Normalement, ce refus (probablement justifié par le besoin de conserver la tranquillité publique et l'ordre public) exposera l'État à des dommages-intérêts.

236) COUR DE CASSATION, 3e civ. 22 novembre 2011, Prêt à usage : le prêteur est en droit d'y mettre fin à tout moment avec un préavis raisonnable, AJDI 2012. 34.

237) *Quand le gagnant d'un procès n'obtiendra-t-il certainement pas le concours de la force publique pour l'expulsion d'un occupant sans titre de ses locaux ?* (237)

Quand des désordres, des perturbations de l'ordre public, risquent d'en découler. Mais alors, l'État doit alors indemniser la victime de ce refus d'utilisation de la force contre l'occupant sans titre du local.

Certes une loi récente contre les squatters et les locataires mauvais payeurs commande au préfet un maximum de diligence et de rigueur. Sauf qu'une autre loi lui commande de trouver une solution de relogement aux personnes qu'il aide à priver de toit.

238) *Comment le préfet des Alpes de Hautes Provence avait-il justifié son refus d'expulser la société Jardinerie Gros Pin, demandée par la SCI Marcflore ?* (238)

Par la crainte de troubles à l'ordre public.

Un désordre qui aurait résulté des réactions des salariés de la société Jardinerie Gros Pin. En effet, ils risquaient de réagir à la présence des forces publiques venus leur prendre leur outil de travail et précipiter leur entrée dans le chômage.

---

237) CONSEIL D'ÉTAT 12 février 2014, Contrôle du juge sur une expulsion pour menace grave à l'ordre public, Lebon 2014 ; François de LA VAISSIÈRE, Indivision : bail commercial, expulsion et partage, AJDI 2017. 351 ; CONSEIL D'ÉTAT 25 novembre 2009, De la responsabilité du préfet qui refuse le concours de la force publique pour procéder à une expulsion, Lebon 2009.

238) CONSEIL D'ÉTAT 27 juin 2002, Refus légal du préfet d'exécuter une décision d'expulsion, AJDA 2002. 934.

Chapitre 2. – Le fonds de commerce et les lieux d'exposition.

PLAN :

Section 1. – Le fonds de commerce ou propriété commerciale.

Section 2. – Les sites temporaires d'activité de l'entreprise.

Section 1. – Le fonds de commerce ou propriété commerciale.

PLAN :

§ 1. – L'existence du fonds de commerce.

§ 2. – Les opérations sur le fonds de commerce.

§ 1. – L'existence du fonds de commerce.

PLAN :

A. – Les éléments corporels et incorporels du fonds.

B. – La nécessité d'une clientèle et d'actes de commerce.

A. – Les éléments corporels et incorporels du fonds.

239) *Comment s'appelle la seconde propriété (purement fictive) qui se superpose à un immeuble dans lequel un commerçant ou un artisan exerce son activité professionnelle ?* (239)

Cette propriété supplémentaire s'appelle la propriété commerciale (une sorte d'opposé de la propriété civile). C'est le fonds de commerce. Il s'agit d'une fiction juridique inventée pour protéger les commerçants et les artisans.

Ainsi, ils ne peuvent être virés du local par le propriétaire des murs, même pas au terme de leur bail. En tous cas, une indemnité d'éviction doit alors leur être versée par le bailleur (le propriétaire des murs).

239) Fabien Kendérian, La « propriété commerciale » explicitée à l'aune de la Convention européenne des droits de l'homme, RTD com. 2021. 297 ; Thierry Revet, Existe-t-il un droit à la « propriété commerciale » ? RTD civ. 2005. 619 ; Y. Rouquet, De l'exacte portée de la propriété commerciale, D.A. 9 décembre 2009 ; Joël Monéger, La propriété commerciale du locataire inclus, RTD com. 2003. 275.

240) ***Pourquoi le propriétaire exerçant le commerce dans ses propres murs n'a-t-il normalement pas besoin de cette fiction juridique qu'est la propriété commerciale ?*** **(240)**

Parce qu'il ne peut craindre d'être expulsé du bâtiment par le propriétaire qu'il est lui-même.

Cependant, lui reconnaître à lui aussi la propriété commerciale renforce son patrimoine. Car il a ainsi la possibilité de demander un prix cumulant la valeur du fonds de commerce et la valeur du local d'exploitation de l'affaire.

241) ***Combien y a-t-il de composantes d'un fonds de commerce et quelles sont-elles ?*** **(241)**

Par regroupement logique, les auteurs écrivent qu'il y en a deux : les éléments corporels et les éléments incorporels.

Mais, la lecture du Code de commerce invite à dire qu'il y en a trois ; car les éléments corporels du fonds doivent eux-mêmes être subdivisés en deux. D'un côté, les marchandises ; d'un autre côté, le matériel.

---

240) Y. ROUQUET, De l'exacte portée de la propriété commerciale, D.A. 9 décembre 2009 ; Éric MEILLER, Adeline SEGUIN et Catherine BERTHOL, Quelle possibilité de créer des droits réels nouveaux ? AJDI 2024. 518 ; Frédéric ROUVIÈRE, La liberté de création des droits réels : dogmatique ou politique ? RTD civ. 2021. 250 ; Jehan-Denis BARBIER, Sur les obligations du locataire après la vente de son fonds au propriétaire, Gaz. Pal. 20 mars 2018, n° 316d8, p. 57.

241) Thierry REVET, Les meubles d'exploitation écartelés entre composants du fonds de commerce et immeubles par destination, RTD civ. 2010. 139 ; Bernard SAINTOURENS, Éléments implicitement inclus dans la cession du fonds de commerce, RTD com. 2002. 651.

242) *Quels sont les éléments corporels d'un fonds de commerce ?* (242)

Ce sont les marchandises et le matériel (Code de commerce, art. L141-5, al. 3, 4 et 5 ; art. L143-3, al. 1er ; art. L143-10, al. 2).

Malgré le propos de l'article L142-2 de code, il n'y a pas à distinguer entre le mobilier commercial, l'outillage et le matériel. Il s'agit d'expressions quasiment synonymes.

243) *Quelle est la portée juridique de la distinction (Code de commerce, art. L142-2) entre le mobilier commercial, le matériel, et l'outillage ?* (243)

Elle ne présente pas de portée juridique particulière.

Sachant que les distinctions ne sont pertinentes en droit que si elles emportent des conséquences spécifiques. Vu qu'il est ici question de notions synonymes, cette énumération n'a pas d'intérêt pratique (ou théorique).

242) Claude CHAMPAUD et Didier DANET, Apport en nature d'un fonds de commerce. Éléments incorporels. Évaluation, RTD com. 2007. 743.

243) Conseil D'ÉTAT 19 juillet 2024, TFPB : inclusion du terrain d'exploitation d'une centrale photovoltaïque ensemencé pour permettre le pâturage d'ovins destinés à assurer son entretien, Lebon 2024 ; Rédaction, Le Warrant hôtelier, Tourisme et Droit 2001, n°24, p.37

244) *Que faut-il entendre par le terme marchandises (du fonds de commerce) ?* (244)

La marchandise d'un fonds de commerce est l'ensemble des biens meubles détenus par le commerçant et dont il fait métier de les écouler auprès de clients. Selon cette approche, le stock d'immeubles détenus par une société immobilière en vue de la vente ne constitue pas de la marchandise.

En effet, un immeuble n'est pas un meuble, puisque l'on ne peut le bouger, le déplacer. Certes, l'UNESCO aura réussi l'exploit de déplacer les temps (pyramides) d'Abou Simbel pour les installer en hauteur et les sauver d'une submersion prochaine par un barrage construit sur le Nil.

245) *En matière de fonds de commerce, qu'est l'outillage ou le matériel ?* (245)

Il s'agit des éléments corporels qui permettent au commerçant ou à l'artisan d'exercer son métier.

En d'autres termes, ce sont des choses corporelles qui (dans sa boutique) ne sont pas destinées à la vente.

---

244) Emmanuelle CHAVANCE, Sur les éléments de la cession du fonds de commerce, Loyers et Copropriété n° 5, Mai 2024, comm. 87 ; Jean DERRUPPÉ, Le sort du stock de marchandises à la fin de la location-gérance, RTD com. 1999. 636.

245) Clémentine DELAFONTAINE-BOVIER-LAPIERRE, Fonds de commerce physique et fonds de commerce virtuel, La Semaine Juridique Notariale et Immobilière n° 09, 01 mars 2024, 1040.

246) *Quelle est la nature juridique des matières premières possédées par une entreprise ?* (246)

Comme de tels éléments corporels doivent s'intégrer au produit à fabriquer (puis à commercialiser) les juristes parlent de marchandises.

En sens contraire, l'huile de graissage des machines sera regardée comme de l'outillage (c'est-à-dire du matériel) ; et non pas comme de la marchandise.

247) *Les vaches d'un professionnel doivent-elles être analysées comme de la marchandise, comme de l'outillage ou comme autre chose ?* (247)

L'outillage aide le professionnel à atteindre le but commercial qu'il s'est fixé. S'il est un vendeur de lait, ses vaches doivent alors rester à demeure. Elles constituent donc du matériel du fonds, son outillage.

En revanche, si ce professionnel est un vendeur de bestiaux, les vaches sur pieds (qu'il vendra bientôt) représentent de la marchandise.

---

246) Maria-Beatriz SALGADO, Fonds de commerce, Composition, Éléments corporels, JurisClasseur Notarial Formulaire, Fasc. 32, juillet 2024.

247) Michel LAGARDE, A - Contravention de commerce des bestiaux usagers, Répertoire de droit pénal et de procédure pénale / Forêts Pén., MAJ 2010.

248) *Quelle est la nature juridique des voitures détenues par un professionnel qui loue certaines de celles-ci et vend certaines autres ?* (248)

Les voitures destinées à la vente sont juridiquement de la marchandise.

En revanche, la qualification de matériel (ou d'outillage) doit être retenue pour les voitures permettant l'activité de location.

249) *Quels trois types d'éléments qui, bien que corporels, ne font pas partie du fonds de commerce ?* (249)

Ce sont :

1) les immeubles (par nature ou par destination) ;

2) les documents comptables ;

3) la correspondance.

---

248) Mélanie JAOUL, Élise CASTANIER, et autres, Fonds de commerce, Rédiger la vente d'une concession automobile (Corrigé d'épreuve), La Semaine Juridique Notariale et Immobilière n° 35, 02 septembre 2022, 1212 ; Alexis BECQUART, La fiscalité applicable aux véhicules des associations, JA 1994, n°96, p.18.

249) Jean DERRUPPÉ, Fonds de commerce. Composition, Contrat de distribution (non), RTD com. 1991. 566 ; Jean DERRUPPÉ, Fonds de commerce. Composition, Droit au bail, Élément nécessaire (non), RTD com. 1993. 488.

250) *Pourquoi est-il certain que le local (même) d'exploitation de l'affaire ne fait nullement partie intégrante du fonds de commerce ?* (250)

Parce que le locataire a le droit de vendre les éléments qui composent son fonds de commerce. Si l'immeuble en faisait partie, cela signifierait que ce preneur pourrait le vendre, au même titre que la marchandise, l'outillage, etc.

Or, nul ne peut transférer la propriété d'une chose dont il n'est pas propriétaire (Code civil, art. 1599). Certes, le vendeur imprudent peut s'efforcer d'en devenir titulaire de la propriété avant que son acheteur demande la livraison.

251) *Pourquoi le propriétaire d'un local dans lequel il exploite son affaire ne saurait invoquer la notion de fonds de commerce pour sa protection ?* (251)

La raison est qu'il dispose d'une meilleure protection que la propriété commerciale (découlant de l'exploitation d'un fonds de commerce).

En effet, le droit de propriété dont il est titulaire le protège suffisamment contre la perte du fonds. Pourquoi ? Parce que personne ne peut le chasser de son propre bien.

---

250) Jean-Baptiste SEUBE, Cession du droit au bail entre le locataire commercial et le propriétaire des murs, RDC avr. 2005, p. 356.

251) Michel MENJUCQ, Chapitre 6 – L'exploitation du fond par son propriétaire, Droit commercial et des affaires, juin 2024.

252) *Puisque tout commerçant doit tenir une comptabilité et d'autres livres de commerce, ces documents sont-ils à transmettre en cas de vente du fonds ?* (252)

La réponse est négative ; par interprétation de l'article L141-2. Ce texte prévoit en effet les documents en question soient mis à la disposition de l'acquéreur. Or il semble (aux auteurs) que mettre à la disposition c'est seulement en permettre la consultation, voire la reproduction. Il ne s'agit pas de transfert de propriété.

253) *Par exemple quelles deux infractions contre les biens sont susceptibles de frapper le fonds de commerce (de la part de tiers) ?* (253)

Les exemples possibles d'infractions pourraient être tirés de deux grandes catégories. D'une part, les appropriations frauduleuses : le vol ; l'extorsion ; l'escroquerie.

D'autre part, les atteintes aux biens : les destructions, dégradations et détériorations ; les atteintes aux systèmes de traitement automatisé de données (piratage).

---

252) Bernard SAINTOURENS, La sanction de l'absence de communication à l'acquéreur du fonds de commerce des livres de comptabilité, RTD com. 2011. 312.

253) Gilbert MILLET, Vol, Magasins à libre-service. Flagrant délit, Opportunité des poursuites. Circ. 10 juillet 1985, Rép. quest. écrite n° 24566 : J.O. Déb. Ass. Nat. [Q] , 16 avril 1990, p. 1875.

254) ***Par exemple de quelles deux infractions le fonds de commerce peut-il être l'occasion (le théâtre) de la part de son exploitant ? (254)***

La vente à perte ; l'abus de biens sociaux ; l'escroquerie à l'assurance ; la contrefaçon ; le recel ; l'abus de confiance ; le détournement de gage ou d'objet saisi ; l'organisation frauduleuse de l'insolvabilité ; etc.

255) ***Quelle différence y a-t-il entre les éléments corporels et les éléments incorporels du fonds de commerce ? (255)***

La différence repose sur le caractère préhensible (ou non). Concrètement, les éléments corporels peuvent être tenus dans les mains, et peuvent par conséquent être directement utilisés, sans intermédiaire matériel ou humain.

En revanche, les éléments incorporels sont des droits à opposer aux tiers. Il faut ainsi donc un tiers contre qui les faire valoir. C'est par exemple la faculté de : se maintenir dans des locaux ; utiliser un brevet ; etc.

---

254) La CEPC se prononce sur l'application de l'interdiction de revente à perte aux produits *"imparfaits"*, La Semaine Juridique Entreprise et Affaires n° 18, 02 mai 2024, act. 386 ; Eva MOUIAL BASSILANA, A - Revente au-dessous des cours et emploi de moyens ruineux, Répertoire de droit commercial / Entreprise en difficulté : responsabilités et sanctions Com., Sociétés, MAJ 2025.

255) Bertrand JOST, Opposabilité des contrats aux tiers : victoire à la Pyrrhus pour l'acquéreur d'un fonds de commerce, D. 2022. 2283.

256) ***Quelles sont, d'après les auteurs, les quatre catégories d'éléments incorporels du fonds de commerce ?*** **(256)**

Ce sont : 1) la clientèle et l'achalandage ; 2) les signes distinctifs ; 3) les créations intellectuelles ; 4) le droit au bail.

257) ***Selon le Code de commerce (art. L141-5, al. 2 ; art. L142-1, al. 2), quand il est question de fonds de commerce, quel terme doit-on associer au terme clientèle ?*** **(257)**

Le terme achalandage. La clientèle et l'achalandage ne signifie pas pour autant la même chose.

258) ***Quels sont les critères de distinctions entre la clientèle et l'achalandage ?*** **(258)**

Ces critères justifieront l'achat dans ledit commerce, ainsi que le comportement futur de l'acheteur envers ce commerce.

Premièrement, la clientèle concernera les personnes attirées par la personnalité du commerçant, tandis que l'achalandage se rapportera aux personnes intéressées par l'emplacement du fonds.

---

256) Renaud SALOMON, Abus de biens sociaux et éléments incorporels immobilisés à l'actif social, Droit des sociétés n° 7, juillet 2020, comm. 97.

257) Hugo BARBIER et Julia HEINICH, Art. 1er, Clientèle et achalandage, Répertoire de droit civil / Clientèle Civ., janvier 2016.

258) Idem.

Deuxièmement, la clientèle rassemble les clients fidèles ou susceptibles de revenir, alors que l'achalandage renvoie aux clients de passage, lesquels auront contracté par hasard, et ne reviendront certainement pas.

259) *Quels sont les signes distinctifs de l'entreprise, lesquels représentent des composantes du fonds de commerce ?* (259)

Ils sont au nombre de trois : le nom commercial ; l'enseigne ; la marque.

260) *Qu'est-ce qu'un nom commercial ?* (260)

C'est le nom (patronymique ou fantaisiste) utilisé par le professionnel pour être désigné par sa clientèle.

261) *Quelle est la qualification juridique des appellations suivantes : AUCHAN, NIKE, ESSO, BORDAS, FACEBOOK, etc. ?* (261)

Il s'agit de noms commerciaux.

---

259) Pierre ARHEL, Chapitre 3, Protection des signes distinctifs, Répertoire IP/IT et Communication / Propriété intellectuelle : OMC Internat., 2019.

260) Jean-Pierre CLAVIER, Nom patronymique célèbre et droit des marques, LEPI sept. 2011, n° EDPI-211132-21108, p. 5 ; Frédéric-Jérôme PANSIER et Mathieu SALVIA, L'usage commercial du nom de famille, Gaz. Pal. 25 sept. 2007, p. 20.

261) Jacques AZÉMA et Jean-Christophe GALLOUX, Chapitre 1, Le nom commercial, Droit de la propriété industrielle / Titre 2 - Les autres signes distinctifs ; 2017.

262) *Un nom patronymique (un nom de famille) a-t-il une valeur patrimoniale et peut-il donc faire l'objet de conventions lucratives ?* (262)

En principe, un nom patronymique un (nom d'individu) n'a pas de valeur patrimoniale. Exceptionnellement, si un professionnel utilise le sien pour son activité, alors il acquiert une telle valeur pécuniaire.

Les annales judiciaires renvoient par exemple au nom de monsieur BORDAS ou de monsieur LECLERC.

263) *Qu'est-ce qu'une enseigne commerciale ?* (263)

C'est un emblème, un dessin, des mots, etc., qui sont accolés par le professionnel à son nom commercial pour s'ancrer dans l'imaginaire (le souvenir) de la clientèle.

264) *Qu'est l'action en concurrence déloyale ?* (264)

C'est l'action en justice au moyen duquel le propriétaire d'un fonds de commerce poursuit le(s) auteur(s) d'une confusion volontaire ou involontaire de l'un ou l'autre de ses signes distinctifs. Cette action

---

262) Alexandra MENDOZA-CAMINADE, Le nom de famille à l'épreuve du droit des affaires, D. 2008. 256 ; Gilbert PARLEANI, Après Bordas et Petrossian, Ducasse : précisions sur les droits du titulaire d'un nom notoire inséré dans une dénomination sociale, Rev. sociétés 2003. 548.

263) Stephen BENSIMON, Où sont passés les contentieux ? Le règlement des différends entre sociétés commerciales : évolution ou révolution, Gaz. Pal. 28 juin 2007, p. 10.

264) CENTRE DE DROIT ÉCONOMIQUE ET DU DÉVELOPPEMENT YVES SERRA, Concurrence interdite - Concurrence déloyale et parasitisme, D. 2024. 2137 ; Yves Serra, L'action en concurrence déloyale n'exige pas la constatation d'un élément intentionnel, D. 2001. 1312 ; Frédéric POLLAUD-DULIAN, Du nouveau sur la théorie des homonymes en droit des marques, D. 2021. 1435.

s'inscrit dans le cadre de la responsabilité du fait personnel (Code civil, art. 1240).

265) *Quelles sanctions civiles sont-elles encourues pour le détournement (forcément illégal) de la clientèle d'autrui ?* (265)

Un tel détournement résulte en général de l'utilisation de l'enseigne ou du nom commercial de son concurrent. Le cas échéant, le contrefacteur (l'imitateur) sera condamné à changer de nom commercial ou d'enseigne.

De plus, il devra payer des dommages-intérêts calculés de façon à gommer l'avantage indu peut-être survenu dans le patrimoine du contrefacteur.

Cette condamnation a souvent lieu sous astreinte ; c'est-à-dire que pour chaque jour de persistance dans le comportement illicite, le contrefacteur payera une certaine somme, une amende civile.

266) *Quelle précaution doit être prise par le commerçant ou par l'artisan pour s'assurer la protection de sa marque de fabrique ?* (266)

Il faut déposer (faire enregistrer) sa marque à l'INPI (l'Institut Nationale de la Protection Intellectuelle). Une déclaration au niveau européen est également possible.

---

265) Haritini MATSOPOULOU, Détournement de clientèle, RSC 2017. 747 ; Xavier DELPECH, Concurrence déloyale : consécration de la théorie des « agissements dénigrants », D.A. 23 janvier 2019.

266) Jacques MESTRE, Marie-Ève PANCRAZI et autres, Chapitre 2 - Les marques de fabrique, de commerce ou de service, Droit commercial - Tome 2, 2021.

Mais la précaution se révèle trop coûteuse et donc impraticable par les petites structures sans moyens suffisants.

267) *Quels éléments (incorporels) du fonds de commerce sont protégés par l'action en contrefaçon ?* (267)

Ce sont les œuvres de l'esprit (romans, scénarios, manuels, peintures, sculptures, chorégraphies, photographies originales, etc.) ; les brevets d'invention ; les dessins et modèles ; les obtentions végétales ; etc.

268) *Relativement au fonds de commerce, que sont les créations intellectuelles ?* (268)

Il s'agit essentiellement des droits d'auteur, des brevets d'invention, des dessins et modèles, les droits d'auteur, et des obtentions végétales.

---

267) Alexandre ZOLLINGER, Défaut de prescription de l'action en contrefaçon, LEPI mars 2024, n° DPI202d5 ; Catherine BERLAUD, Cession de fonds de commerce viticole, dépôt de marques, contrefaçon et histoire familiale, Gaz. Pal. 2 nov. 2021, n° 428d0, p. 36.

268) Julien THÉRON, Cession de fonds de commerce et cession des titres sociaux, quelles modalités de réalisation ? Revue des procédures collectives n° 3, Mai-juin 2023, dossier 29; Laurent DRAI, Les créations intellectuelles des salariés, La Semaine Juridique Entreprise et Affaires n° 14, 08 avril 2021, 1188.

269) ***Comment s'appelle le Code dans lequel se trouvent les dispositions relatives aux brevets, aux obtentions végétales, ou aux droits d'auteur ?*** **(269)**

C'est le CPI, le Code de la Protection Intellectuelle.

270) ***Outre la jouissance des lieux loués, quel(s) droit(s) semble(nt) protéger le commerçant contre son bailleur ?*** **(270)**

Il s'agit du droit au renouvellement et de l'indemnité d'éviction (pour non-renouvellement).

271) ***A quel droit incorporel du fonds de commerce songe-t-on lorsqu'il est question de propriété commerciale ?*** **(271)**

Il s'agit du droit au bail.

---

269) Idem.

270) Marie Malaurie-Vignal, Le franchisé n'a pas un droit au renouvellement de son contrat et le franchiseur est libre de réorganiser son réseau, Contrats Concurrence Consommation n° 11, novembre 2022, comm. 171.

271) Abdoulaye Mbotaingar, Le réputé non écrit ou l'impossible renonciation à la propriété commerciale, La Semaine Juridique Notariale et Immobilière n° 46, 18 novembre 2022, 1270.

272) *Comment le Code de commerce (ou le décret du 30 septembre 1953) protège-t-il le commerçant (locataire) de la perte de sa clientèle à la suite de la reprise de son local par le bailleur ?* (272)

Cette protection est contenue dans un droit, le droit au bail. Lui-même contient le droit au renouvellement ; sinon, le droit à une indemnité d'éviction.

En face de la propriété (civile) du bailleur, il y a ainsi la propriété commerciale du locataire.

273) *Pourquoi dit-on qu'un fonds de commerce pourrait exister même en l'absence de droit au bail ?* (273)

Parce que l'exploitant du fonds de commerce n'est pas forcément un locataire des locaux qu'il utilise. Il peut effectivement être le propriétaire, ou bien l'emprunteur, ou bien l'usufruitier. D'ailleurs, la loi ACTPE (loi Pinel de 2014) prévoit la possibilité d'un fonds de commerce sur le domaine public.

Or, il n'y a pas en l'occurrence de droit au bail. La dissociation entre droit au bail et fonds de commerce se comprend donc.

---

272) Joël MONÉGER, Enfin, on sait ce qu'est la « propriété commerciale » ! Loyers et Copropriété n° 4, Avril 2021, repère 4.

273) Joël MONÉGER, Réflexion sur le statut des baux commerciaux, dix ans après la loi Pinel : une conjonction d'ombres et lumières, AJDI 2024. 680 ; Odile de DAVID BEAUREGARD-BERTHIER, Statut du commerçant installé sur le domaine public, AJDI 2005. 633 ; Jean-Philippe Ferreira, Le principe d'interdiction des libéralités par les personnes publiques, AJDA 2023. 2028.

274) *Qu'est-ce qu'une concession immobilière et quelle est sa différence avec le bail ?* (274)

La concession immobilière est un contrat par lequel un propriétaire met son immeuble à la disposition d'une personne physique ou morale pour une durée d'au moins 20 ans ; contre une redevance annuelle.

Cette durée constitue une réelle différence avec les 9 ans du bail commercial. De plus, la contrepartie financière y est plutôt mensuelle.

275) *Quels éléments incorporels ne font pas partie du fonds de commerce, et ne se transmettent donc pas automatiquement ?* (275)

Les éléments incorporels en question comprennent les contrats, ainsi que les créances et les dettes. Ces dettes découlent de contrats ou de la responsabilité quasi-délictuelle. La clientèle ne semble pas davantage cessible automatiquement.

274) Sophie DRUFFIN-BRICCA, Chapitre 12, Les démembrements non prévus par le Code civil, Droit des biens, 2024.

275) Aymeric TRIVERO, La clientèle ne constitue pas un élément cessible du fonds de commerce, LPA août 2023, n° LPA202l2.

276) *Quels trois types de contrats sont automatiquement transmis au nouvel exploitant du fonds de commerce ?* (276)

Les contrats automatiquement transmis sont : le contrat de bail ; le contrat d'assurance ; les contrats de travail.

277) *A quelle condition un contrat non transmis automatiquement peut-il quand même échoir au nouvel exploitant du fonds de commerce ?* (277)

A la condition que ledit contrat (ou qu'un autre) en prévoit la transmission.

278) *Quel principe juridique s'oppose normalement au transfert automatique des contrats au nouveau titulaire du fond de commerce ?* (278)

C'est le principe de la relativité des contrats d'après lequel seules les parties contractantes profitent ou en souffrent des effets produits par leur contrat. Ainsi, même les contrats de fourniture manifestement indispensables au repreneur ne lui échoiront pas

---

276) Hugo BARBIER, Du rôle de l'accord du cédé en matière de cession de contrat, RTD civ. 2024. 403 ; Jean-Denis PELLIER, La nature de l'accord du cédé dans la cession de contrat : une simple autorisation, D. 2024. 1175.

277) Corinne SAINT-ALARY-HOUIN, Le plan de cession a pour effet la transmission du contrat d'assurance du fonds de commerce, RTD com. 2020. 182.

278) Inès GALLMEISTER, Cession de dette et effet relatif des contrats, D.A. 11 mai 2009.

spontanément. La Cour de cassation s'est prononcée à plusieurs reprises en ce sens.

Par exemple a-t-elle jugé : *« La cession d'un fonds de commerce comprenant la cession de la propriété des droits sur des marques n'emporte pas cession du contrat de distribution exclusive des produits revêtus de ces marques »* (Cass. Civ. 1ère, 19 octobre 2022, 21-16.169, Société Bleu vert, Publié au bulletin).

Une année après, elle aura proclamé que : *« en l'absence de clause expresse et sauf exceptions prévues par la loi, la cession d'un fonds de commerce n'emporte pas de plein droit celle des obligations dont le vendeur pouvait être tenu en vertu d'engagements initialement souscrits par lui ni celle des créances qu'il détenait antérieurement à la cession »* (Cass. Com., 25 octobre 2023, 21-20.156, Société Sopic, Publié au bulletin).

279) ***Relativement à la transmission du fonds de commerce, qu'ont en commun le contrat de bail, le contrat d'assurance, les contrats d'édition et les contrats de travail ?*** (279)

Ils constituent les contrats transmis automatiquement au nouveau titulaire du fonds de commerce (contrairement aux autres contrats qu'avait l'ancien exploitant de ce fonds). S'agissant de l'assurance, la résiliation est ensuite possible par le repreneur qui n'en voudrait pas.

---

279) Jeremy Antippas, Regards comparatistes internes sur la cession conventionnelle de contrat, RTD civ. 2017. 43.

280) *Les licences et les autorisations administratives permettant l'exploitation du fonds de commerce en sont-elles des composantes (incorporelles)* ? (280)

Non, elles ne font pas partie du fonds de commerce. Elles ne sont pas transmissibles avec celui-ci.

Le nouvel exploitant devra toujours entamer des démarches personnelles auprès des Administrations compétentes.

281) *Quel est le synonyme de l'expression fonds de commerce numérique ?* (281)

C'est fonds de commerce électronique. Celui peut faire l'objet d'un nantissement pour le commerçant en quête de crédit.

Plus généralement, les créanciers garantis par le fonds de commerce sont mal protégés, car ils viennent après les créanciers nantis sur le matériel, lesquels ne sont pris en compte qu'après le privilège du Trésor.

---

280) Marianne Moliner-Dubost, Requiem pour le principe d'incessibilité des autorisations administratives, AJDA 2004. 2141.

281) Jean-Philippe Dom, Matérialité et localisation de l'entreprise numérique, Dalloz IP/IT 2019. 661 ; Thibault Douville, Le fonds de commerce électronique : de sa reconnaissance à sa marginalisation, Dalloz IP/IT 2019. 670 ; Dossier, Les entreprises locales face aux défis du numérique, Dalloz IP/IT 2019. 654 ; Jean Derruppé (†) et Thibault de Ravel d'Esclapon, Section 4 - Fonds de commerce numérique, Répertoire de droit commercial / Fonds de commerce Com. Mise à jour de juillet 2024; Arnaud Reygrobellet, Section 2 - Efficacité limitée du privilège et du nantissement, Fonds de commerce / Chapitre 71 - Sûretés grevant le fonds, 2012.

282) ***Quelle est la différence essentielle entre un fonds de commerce classique et un fonds de commerce électronique ?*** **(282)**

La différence est que si le fonds de commerce classique est toujours géographiquement situé, il en va différemment du fonds de commerce électronique. En effet, un site Internet marchand a juste besoin d'une page Web.

283) ***Quel est le point essentiel de ressemblance entre le fonds de commerce numérique et le fonds de commerce classique ?*** **(283)**

Les deux ont une clientèle sans laquelle il n'y aurait pas vraiment de fonds de commerce.

284) ***Pourquoi est-il faux de croire que les cyberclients n'optent pour un site internet que pour ses prix bas ?*** **(284)**

Parce que ces clients Internet tiennent aussi compte du sérieux du cybercommerçant. Par exemple : le respect des délais ; la livraison de produits conformes ; etc.

---

282) Olivier Savary et Etienne Dubuisson, Un site Internet est-il un fonds de commerce ? D.A. 18 mai 2009 ; Marie-Pierre DUMONT, Le commerce électronique et la remise en question des éléments fondateurs du statut des baux commerciaux, Loyers et Copropriété n° 12, Décembre 2024, dossier 9.

283) Marie-Laure BESSON, La situation matérielle et juridique du local numérique, Loyers et Copropriété n° 12, Décembre 2024, dossier 11.

284) Jean DERRUPPÉ (†) et Thibault de RAVEL D'ESCLAPON, Art. 1er - La clientèle du fonds de commerce électronique, Répertoire de droit commercial / Fonds de commerce Com., Mise à jour de juillet 2024.

De plus, ces acheteurs peuvent prendre en considération la possibilité de recevoir des conseils (de la part du commerçant) en cas de difficulté.

285) *Quels deux éléments confèrent sa valeur à un site marchand sur Internet ?* (285)

Les deux éléments qui y concourent le plus sont : le nom de domaine et le référencement de celui-ci.

Cela étant, une fois arrivé sur le site, le client peut être favorablement ou défavorablement influencé par la charte graphique (les photos des produits et leurs agencements). Ce qui jouera sur sa volonté d'y revenir faire des affaires.

B. – La nécessité d'une clientèle et d'actes de commerce.

286) *Les éléments indispensables à l'existence d'un fonds de commerce sont-ils de type corporel, de type incorporel, ou bien des deux types ?* (286)

Ce sont les éléments de type incorporel qui importe pour la reconnaissance de la qualité de fonds de commerce.

---

285) Marie-Emmanuelle HAAS et Dune GERIN, Nom de domaine - Un an de droit français des noms de domaine et des marques sur Internet, Propriété industrielle n° 6, Juin 2024, 7 ; François HERPE, Quel est le juge compétent en cas de référencement payant sur internet utilisant la marque d'un tiers ? LEPI juill. 2023, n° DPI201s1.

286) Jean DERRUPPÉ et Thibault DE RAVEL D'ESCLAPON, Fonds de commerce, Aspect unitaire, § 2, Le fonds de commerce est un meuble incorporel, Répertoire de droit immobilier / Fonds de commerce Com., 2025.

287) ***A quel élément du fonds de commerce assimile-t-on parfois ce fonds ?*** **(287)**

L'on confond volontiers la clientèle avec le fonds de commerce. C'est vrai que celui-ci ne peut exister sans celle-là.

288) ***Quel est le seul élément essentiel de tout fonds de commerce ?*** **(288)**

C'est la clientèle.

289) ***Pour l'existence d'un fonds de commerce, l'achalandage peut-il suffire, en l'absence de clientèle ?*** **(289)**

La réponse est non. La clientèle est indispensable juge régulièrement la jurisprudence.

---

287) RÉDACTION, Existence du fonds de commerce, Disparition de la clientèle, Panorama de Jurisprudence, La Semaine Juridique Entreprise et Affaires n° 43-44, 24 octobre 2024, 1313.

288) Idem.

289) Emmanuelle CHAVANCE, Sur les éléments de la cession du fonds de commerce, Loyers et Copropriété n° 5, Mai 2024, comm. 87.

290) ***Qu'est-ce qui, d'entre la clientèle et l'achalandage existe avant l'autre ?*** **(290)**

La réponse est c'est l'achalande qui préexiste ; en effet, ce sont les chalands qui finissent par devenir des clients (des acheteurs plus ou moins réguliers).

Mais l'hésitation est permise, un peut comme pour l'antériorité entre l'œuf et la poule.

291) ***Qu'est-ce qui, d'entre l'achalandage et la clientèle est susceptible de survivre à l'autre ?*** **(291)**

C'est l'achalandage.

292) ***Dans quelle hypothèse est-on conduit à se demander si la clientèle est personnelle au propriétaire du fonds de commerce, mais non pas à un autre commerçant ?*** **(292)**

D'abord, dans l'hypothèse où le commerce est exercé dans une enceinte où se trouvent beaucoup d'autres commerces (galeries marchandes, par exemple).

---

290) Georges BRIÈRE DE L'ISLE et Jean DERRUPPÉ, Baux commerciaux. Indemnité d'éviction, Montant, Achalandage, RDI 1991. 109.

291) Idem.

292) André JACQUIN, Le jour sans fin du bailleur de centre commercial, Gaz. Pal. 10 mars 2020, n° 372q4, p. 55 ; COUR DE CASSATION, 3e civ. 12 juillet 2000, Le propriétaire d'une galerie marchande est un bailleur comme les autres, D. 2000. 377.

293) ***À quelle condition les acheteurs venant s'approvisionner chez un commerçant situé sur le domaine public en constituent-ils la clientèle ?*** **(293)**

Quand ces clients viennent spécialement s'approvisionner chez le commerçant en question.

Autrement dit, il ne faut pas que les clients en question profitent banalement de leur passage dans le domaine public, lequel serait leur destination véritable.

294) ***Pourquoi refusait-on d'admettre l'existence d'une clientèle (et donc d'un fonds de commerce) aux professionnels installées dans les gares SNCF ?*** **(294)**

Ces commerces sont pour l'essentiel des kiosques à journaux, des buvettes, des restaurants et des fleuristes. Le refus jurisprudentiel (de l'idée de fonds de commerce) venait de ce que l'on n'était pas sûr que leurs clients ne fussent en réalité des clients de la SNCF (en partance ou de retour de voyage).

Mieux, l'on concevait mal que dans le domaine public l'on pût avoir un fonds de commerce ; et donc disposer d'un droit au renouvellement ou au prolongement de sa présence marchande sur ce domaine.

---

293) DEFRÉNOIS FLASH 6 oct. 2021, Fonds de commerce sur le domaine public et clientèle propre : compétence du juge administratif, n° 201u7, p. 13, DFF201u7.

294) Arnaud REYGROBELLET, § 2, Clientèle et domaine public, Fonds de commerce / Section 4 - Activité économique et droit public, 2012.

295) ***Relativement à la notion de fonds de commerce, quel sort commun était fait aux tenanciers qui exploitaient leur affaire dans un cinéma, un théâtre, un aéroport, etc. ?*** **(295)**

Les juges estimaient que ces professionnels n'avaient pas de clientèle personnelle (et par conséquent point de fonds de commerce).

C'est vrai que les clients concernés venaient d'abord et surtout pour voir un film, ou regarder une pièce, ou prendre l'avion, etc.

296) ***Pourquoi peut-on supposer que le restaurant parisien de la Tour Eiffel dispose d'un fonds de commerce ?*** **(296)**

Parce qu'il s'agit d'un restaurant où la majorité des clients mange sur réservation.

Ceux-ci n'y mangent pas par hasard, juste parce qu'ils se retrouveraient à la tour Eiffel et que ce serait le moment de manger.

---

295) Arnaud Reygrobellet, Section 1 - Clientèle propre et commerces matériellement enclavés, Fonds de commerce / Chapitre 13 - L'autonomie de la clientèle, élément d'appartenance du fonds, 2012.

296) Gabriel Eckert, Régularité de la procédure de passation de la concession du service de restauration de la Tour Eiffel, Contrats et Marchés publics n° 11, Novembre 2018, comm. 252.

297) *Quand est-il exact qu'un des commerces installés dans un ensemble ne dispose pas de fonds de commerce par manque d'autonomie de gestion ?* (297)

Quand par exemple, il n'ouvre que les jours et pendant les heures de fonctionnement de l'ensemble qui l'accueille. Par exemple, une buvette qui calquerait ses plages d'ouverture sur celles d'un hippodrome, d'un théâtre, etc.

D'autres exemples sont le fait que la structure d'accueil suggérera les prix à pratiquer, assurera la communication de l'ensemble des composantes, etc.

298) *Dans l'hypothèse du contrat de franchise (entre le franchiseur et un franchisé) la clientèle appartient-elle à l'un, ou plutôt à l'autre ?* (298)

La Cour de cassation fait la distinction entre la clientèle nationale et la clientèle locale. La première (la nationale) appartient au franchiseur, tandis que la seconde (la locale) appartient au franchisé.

---

297) Marie-Laurence SAINTURAT, Propriété commerciale et établissements inclus, AJDI 2004. 355. ; Yves ROUQUET, La propriété commerciale suppose une autonomie de gestion, D. 2003. 910.

298) Jean-Pierre BLATTER, Franchise et propriété commerciale, AJDI 2002. 376 ; Éric CHEVRIER, Le franchisé a la propriété commerciale du fonds exploité, D. 2002. 1487.

299) *En cas de contrat de concession, la clientèle appartient-elle au concédant ou bien plutôt au concessionnaire ?* (299)

La Cour de cassation fait la distinction entre la clientèle nationale et la clientèle locale. La première (la nationale) appartient au concédant, tandis que la seconde (la locale) appartient au concessionnaire.

300) *Qu'est-ce qui justifie la reconnaissance d'une clientèle au concédant et au franchiseur ?* (300)

La justification est que c'est la notoriété du concédant ou du franchiseur qui incite divers clients à contracter avec le concessionnaire ou avec le franchisé.

C'est d'ailleurs ainsi que ces derniers auront eux-mêmes contracté avec le concédant ou avec le franchiseur.

301) *Qu'est-ce qui explique la reconnaissance d'une clientèle au profit du concessionnaire et du franchisé ?* (301)

D'abord, c'est lui (concessionnaire ou franchisé) qui est le titulaire du droit au bail. Ensuite, c'est lui qui aura choisi et mis en œuvre les divers éléments corporels et incorporels réunis pour l'affaire.

---

299) Renaud BERTIN, Réaffirmation des droits du concessionnaire automobile sur sa clientèle et son fichier clients, LPA 11 sept. 2003, p. 4.

300) Jacques MESTRE et autres, Chapitre 1. – Concession et franchise, Droit commercial, tome 2, 2021.

301) Idem.

Enfin, pour cette réunion, il aura contracté avec des fournisseurs et des dispensateurs de crédits. Cela, en courant le risque financier lié aux affaires.

302) *Quelles catégories de clients s'envisagent pour un fonds de commerce électronique ?* (302)

Trois sortes de clients sont à distinguer. D'une part, les clients habituels, réguliers, attitrés.

D'autre part, les clients occasionnels, épisodiques. De troisième part, les clients de passage, accidentels.

303) *A supposer que la clientèle d'un cybercommerçant soit regardée comme étant réel, peut-on également soutenir qu'elle est par ailleurs personnelle à son site internet ?* (303)

Oui. La question a initialement été débattue. Beaucoup de juristes estimaient que la clientèle en question appartenait plutôt au fournisseur d'accès.

Mais l'on a ensuite réalisé que le cybercommerçant est susceptible de changer de fournisseur d'accès sans que les clients s'en émeuvent. Ce qui est normal, puisqu'ils ne s'en rendront nullement compte.

---

302) Jacques MESTRE, Chapitre 2 - La reconnaissance du fonds de commerce électronique, Droit commercial - Tome 1, 2021 ; Georges DECOCQ et Philippe Stoffel-MUNCK, Colloque « Le Fonds de Commerce : un centenaire à rajeunir ! » L'avènement du fonds de commerce électronique, Gaz. Pal. 4 juin 2009, p. 52.

303) Idem.

Pour mieux admettre l'existence d'une clientèle personnelle au profit du cybercommerçant, il suffit de songer aux clients des commerçants de l'Ile de Ré. Concrètement, ils empruntent un pont en vue d'accéder aux commerces de cette île. L'on ne saurait raisonnablement prétendre qu'ils sont les clients du pont, lequel n'est qu'un moyen d'accès.

Au demeurant, les hébergeurs se présentent volontiers comme de simples intermédiaires à ne jamais punir pour les informations offertes par les partenaires hébergés. Dès lors, ces intermédiaires ne sauraient paradoxalement revendiquer le mérite du contenu d'un ou plusieurs des sites accueillis.

304) *Le commerçant traditionnel a-t-il (finalement) deux fonds de commerce s'il dispose aussi d'un site internet de ventes ?* (304)

La réponse est à la fois oui et non. Oui, si le commerçant sert deux clientèles différentes. Le site internet ne serait donc pas un simple prolongement de sa boutique.

La réponse sera non, en l'absence d'autonomie (de séparation plutôt étanche) entre les deux fonds prétendus.

304) Clémentine Delafontaine-Bovier-Lapierre, Fonds de commerce physique et fonds de commerce virtuel, La Semaine Juridique Notariale et Immobilière n° 9, 01 mars 2024, 1040.

305) *Quels deux critères (par exemple) sont retenus pour l'appréciation de la valeur du site internet d'un cybercommerçant ?* (305)

Il y a par exemple : le nombre de clics ; le temps de connexion ; le panier moyen ; le chiffre d'affaires du site.

306) *Outre l'existence d'une clientèle, quel élément est-il indispensable à la qualification juridique de fonds de commerce ?* (306)

Cette seconde condition est la commercialité du fonds, son caractère commercial. L'exigence étant que le professionnel accomplisse des actes de commerce dans le local loué.

307) *Quel doit être le statut (qualité, titre) du propriétaire d'un fonds pour que celui-ci mérite la qualification de fonds de commerce ?* (307)

Le propriétaire du fonds (le locataire des murs) doit avoir la qualité de commerçant. Bien entendu, il peut aussi s'agir d'une société (plutôt que d'un individu).

---

305) Marie-Pierre DUMONT, Le commerce électronique et la remise en question des éléments fondateurs du statut des baux commerciaux, Loyers et Copropriété n° 12, Décembre 2024, dossier 9.

306) Marie RAKOTOVAHINY, Installation photovoltaïque et revente d'électricité : commercialité de l'activité en raison de sa lucrativité, La Semaine Juridique Entreprise et Affaires n° 40, 06 octobre 2022, 1328 ; COUR DE CASSATION, com. 15 novembre 2005, Commercialité de l'achat d'un fonds de commerce, D. 2006. 229.

307) Jean DERRUPPÉ et Thibault de RAVEL D'ESCLAPON, Section 2, Conditions d'existence du fonds de commerce, Répertoire de droit immobilier / Fonds de commerce Com., MAJ 2025.

308) *Quand dit-on de l'exploitant d'un commerce qu'il est un commerçant ?* (308)

Quand cet exploitant accomplit habituellement des actes de commerce à titre professionnel.

Il y a du reste une présomption de commercialité à l'égard de toute personne enregistrée au RCS (le registre du commerce et des sociétés).

309) *Quels sont les trois types principaux d'actes de commerce ?* (309)

Ce sont : les actes de commerce par nature ; les actes de commerce par accessoire ; les actes de commerce par la forme.

310) *Quel type d'actes de commerce énumère l'article L110-1 du Code de commerce ?* (310)

Les actes de commerce par nature. Si certains d'entre eux supposent l'existence d'une entreprise, d'autres peuvent être accomplis

308) Alexia ARMAOS, Section 3 - Conditions générales relatives aux commerçants, Répertoire de droit pénal et de procédure pénale / Professions et activités réglementées Pén., 2004.

309) Dimitri HOUTCIEFF, A - Notion générale d'actes de commerce, Répertoire de droit commercial / Acte de commerce Com., MAJ 2025.

310) Iony RANDRIANIRINA, 1 - Les actes de commerce par nature, L'essentiel du droit commercial, 2024 ; Denis BENSAUDE, Actes de commerce par nature et activité professionnelle, Gaz. Pal. 14 mars 2015, n° 216k8, p. 11.

individuellement. Même accomplis isolément, ils appellent la qualification d'acte de commerce, et donc les conséquences juridiques attachées à cette nature.

311) ***Quels articles du Code de commerce énumèrent les possibles actes de commerce ?*** **(311)**

Il y en a deux : les articles L110-1 et L110-2.

312) ***Pourquoi le Code de commerce avait-il choisi d'énumérer ce qu'étaient les actes de commerce, au lieu de poser simplement une définition ?*** **(312)**

Parce que le Code de commerce était censé s'appliquer à des exceptions. En effet, le Code civil renferme le droit commun des actes juridiques. Ces dérogations (à toujours interpréter strictement) devaient donc être indiquées nettement.

Sinon des controverses étaient à craindre sur la possibilité ou l'impossibilité de faire rentrer tel ou tel acte dans la définition formulée.

---

311) Idem.

312) Dimitri HOUTCIEFF, A - Notion générale d'actes de commerce, Répertoire de droit commercial / Acte de commerce Com., MAJ 2025.

313) *Pourquoi la méthode de l'énumération (et donc le rejet de la méthode d'une définition) des actes de commerce est-elle critiquable ?* (313)

Parce que des actes (pourtant très proches) finissent par relever du Code civil pour les uns, et du Code de commerce pour les autres. Or aucun motif raisonnable de discrimination ne semble exister.

De plus, la compétence du tribunal de commerce est parfois à envisager même en cas d'accomplissement d'un seul des actes prévus dans les (deux) listes du Code de commerce.

314) *Pourquoi les auteurs préféreraient-ils une définition générale de l'acte de commerce ?* (314)

Pour y enfermer aussi bien les actes actuellement énumérer par le Code de commerce, de même que les autres, dont il semblera qu'ils méritent la qualification d'actes de commerce.

315) *Qu'est-ce qu'un acte juridique ?* (315)

C'est une mesure prise seul ou à plusieurs dans le but de produire des effets de droit.

---

313) Dominique VIRIOT-BARRIAL, A - Différents types de biens : une liste non exhaustive, Répertoire de droit pénal et de procédure pénale / Destructions – Dégradations – Détériorations Pen. MAJ 2023.

314) CONSEIL D'ÉTAT, 29 mai 2024, Application aux OPA de la définition générale de l'action de concert donnée par l'article L. 233-10 du code de commerce, Lebon 2024.

315) Claude BRENNER et Suzanne LEQUETTE, Art. 1er - Définition de l'acte juridique, Répertoire de droit civil / Acte juridique Civ, 2019.

Comme exemple l'on citera : les engagements de caution ; les contrats ; les jugements ; les règlements.

316) *Qu'est-ce qu'est un fait juridique ?* (316)

Il s'agit d'un élément involontaire de l'homme ou de la nature mais auquel le droit donne des effets juridiques. Tel est le cas d'une inondation finalement reconnue comme une catastrophe naturelle.

Des conséquences avantageuses profiteront alors aux sinistrés dans un tel cas. La naissance et le décès sont également des faits juridiques auxquels des actes (de naissance ou de décès) donnent des conséquences spécifiques.

Par exemple encore, dormir ou manger sont des simples faits. Mais ils deviendraient des faits juridiques si le dormeur était chargé d'assurer une garde, ou si le mangeur se régalait d'un oiseau protégé comme l'ortolan.

317) *Un acte de commerce est-il un fait juridique ou plutôt un acte juridique ?* (317)

Au regard du Code de commerce, certains actes de commerce sont des faits juridiques, tandis que d'autres actes de commerce sont plutôt des actes juridiques.

---

316) Idem.

317) Jean-Bernard BLAISE et Richard DESGORCES, Section 1 - Recherche d'un critère de l'acte de commerce, Droit des affaires, août 2023, Lextenso ; Luc PAULET, De la nature juridique des opérations de vente réalisées en ligne par des particuliers, LPA 12 mars 2020, n° 150f0, p. 6.

318) *Quelles sont les principales définitions doctrinales de la commercialité, et donc de l'acte de commerce ?* (318)

On peut en donner quatre :

1) le caractère spéculatif de l'acte (la volonté de lucre) ;

2) la participation aux échanges, à l'offre de biens et services ;

3) les actes de l'entreprise, précisément créée pour en accomplir ;

4) l'accomplissement habituel d'actes listés comme actes de commerce.

319) *Dans quelle mesure les notions de commercialité et de commerçant sont-elles en recul ?* (319)

Dans la mesure où aujourd'hui il est surtout question de professionnel. Encore que les actes de certains professionnels (professions libérales) sont forcément des actes civils (relevant du Code civil et du tribunal judiciaire.

Si toutefois ce professionnel n'appartient pas à une profession réglementée, on l'assimilera à juste titre au commerçant d'autrefois.

---

318) Idem.

319) Jean-Jacques DAIGRE, La nature civile de l'activité des sociétés d'exercice libéral efface leur forme commerciale, BJS avr. 1999, p. 450 ; Ramsès AKONO ADAM, Incompétence de la CCJA [africaine] malgré la qualité de commerçant des parties, LEDAF déc. 2023, n° DAA201y9.

320) ***En quelles deux catégories pourrait-on répartir les actes de commerce énumérés par le Code de commerce ?* (320)**

Le premier groupe pourrait être intitulé « *actes de commerce terrestres* », et le second groupe, « *actes de commerce maritimes* ».

321) ***Quel groupe (dénominateur commun) réunit les actes de commerce par nature, les actes de commerce par la forme, et les actes de commerce isolés ?* (321)**

Ces trois sous-ensembles réunissent chacun des actes de commerce terrestres.

322) ***Dans quelle société commerciale (par la forme) accomplit-on beaucoup d'actes civils ?* (322)**

Dans les sociétés d'exercice libéral (SEL). Des avocats peuvent s'y grouper pour leur activité.

Or leurs actes sont pour l'essentiel des actes civils. D'où la difficulté de leur reconnaître un fonds de commerce.

---

320) Bernard BEIGNIER et Anne-Laure THOMAT-RAYNAUD, I. - Le droit des affaires, Introduction au droit, août 2024, Lextenso.

321) Dimitri HOUTCIEFF, Chapitre 1er - Actes de commerce terrestre, Répertoire de droit commercial / Acte de commerce Com., MAJ 2025.

322) Bastien BRIGNON et Hervé CHEMOULI, Les sociétés d'exercice de droit commun : des nouveautés spectaculaires ! Gaz. Pal. 9 janv. 2018, n° 310q6, p. 16.

323) *Que sont les actes de commerce par la forme ?* (323)

Ce sont les lettres de change (les traites) et les sociétés commerciales par la forme.

D'une part, émettre, accepter, avaliser ou endosser une traite (une lettre de change) est un acte de commerce ; même quand on n'est pas un commerçant. D'autre part, intégrer tel ou tel type de société est un acte de commerce.

En vérité, ne sont civiles que les sociétés qui intègrent cet adjectif dans leur appellation : sociétés civiles immobilières ; sociétés civiles professionnelles.

324) *Quelle monnaie scripturale et quel instrument de crédit ne sont pas des effets de commerce, contrairement à la lettre de change (ou traite) ?* (324)

Ce sont le chèque et le billet à ordre.

325) *Qu'est-ce que le chèque et le billet à ordre ont en commun ?* (325)

Ils ont en commun d'être l'un et l'autre des moyens de paiement de nature civile.

---

323) Jacques Mestre, Marie-Ève Pancrazi et autres, Section 5 - Les actes de commerce par la forme, Droit commercial - Tome 1, sept. 2021, Lextenso.

324) Alexandre Quiquerez, Chapitre 9,- Les moyens de paiement matériels, Droit bancaire, nov. 2024, Lextenso.

325) Idem.

326) *En quoi consiste l'acte de commerce le plus connu et le plus répandu ?* (326)

Il consiste à acheter en vue de revendre. Le revendeur doit ainsi avoir obtenu la chose à titre onéreux.

Ensuite, il doit lui-même envisager de transférer la propriété de la chose contre paiement.

327) *L'acte de commerce qui consiste en l'achat pour la revente doit-il porter sur un bien meuble ou sur un bien immeuble ?* (327)

C'est indifférent. A l'origine, le Code de commerce n'envisageait que les biens meubles.

Mais, depuis une loi de 1967, le Code de commerce envisage *« tout achat de biens immeubles aux fins de les revendre »* comme acte de commerce par nature.

---

326) Jean-Bernard BLAISE et Richard DESGORCES, Section 1 - L'activité commerciale, Droit des affaires, août 2023, Lextenso.

327) Clotilde NORMAND, Le professionnel de l'immobilier et la garantie des vices cachés dans la jurisprudence, LPA 28 janv. 2010, p. 6.

328) ***Peut-on parler d'acte de commerce (en l'absence de revente tel quel du bien) dans une situation où la chose acquise subi une transformation (avant la revente) ? (328)***

Oui ; le Code de commerce prévoit expressément ce continuum (achat-transformation-vente).

329) ***Les contrats de fourniture ou contrats de distribution porte-t-il sur des services ou plutôt sur des biens ? (329)***

Sur les uns et/ou les autres. C'est le système de l'abonnement ou du contrat de bière.

L'on peut ici songer : aux fournisseurs d'accès Internet (FREE, BOUYGUES, ORANGE, etc.) ; aux fournisseurs d'électricité et de gaz ; aux fournisseurs réguliers d'un certain type de marchandises à un client donné.

330) ***Les activités d'enseignement sont-elles regardées comme des actes de commerce ? (330)***

Non, l'enseignement relèvent des activités civiles ; même dispensé par un établissement privé (à but) lucratif.

---

328) Idem.

329) Stéphane LAGET, La nature juridique du contrat de vente d'eau en gros, LPA 24 févr. 2005, p. 19.

330) Jean-Jacques DAIGRE, La nature civile de l'activité des sociétés d'exercice libéral efface leur forme commerciale, BJS avr. 1999, p. 450.

Néanmoins, les actes accomplis dans le cadre de son objet social par toute société commerciale par la forme sont des actes de commerce.

331) *Quel synonyme du terme manufacture est-il dorénavant préféré par notre droit positif* (331)

L'appellation synonyme qui prévaut est transformation. À savoir une transformation de matières premières en produits finis ou semi-finis.

Dans un langage daté (en fait du 19ème siècle), le Code de commerce réputait la manufacture comme acte de commerce.

332) *Quel critère utilise-t-on pour distinguer l'artisan du commerçant ?* (332)

Ce critère de distinction est la spéculation (l'enrichissement) sur le travail d'autrui. Il se trouve que l'artisan tire ses revenus de son propre travail, et peut-être aussi de quelques apprentis.

Au contraire, le commerçant tirera volontiers ses revenus du travail des autres ; un travail qu'il aura organisé. On pourrait ici privilégier le terme industriel à celui de commerçant.

---

331) France DRUMMOND, Qu'est-ce qu'un « produit financier » ? BJB sept. 2015, n° 112s2, p. 353.

332) Bernard SAINTOURENS, La réforme des sociétés coopératives de commerçants détaillants et d'artisans par l'ordonnance n° 2004-274 du 25 mars 2004, BJS juin 2004, p. 751.

333) *Quelles activités de service sont regardées comme des actes de commerce ?* (333)

Les services ainsi qualifiés d'actes de commerce sont en particulier :

1) le courtage ;

2) le transport des personnes et des marchandises ;

3) la location de meubles ;

4) les opérations de banque ;

5) les opérations de change ;

6) les opérations d'assurance ;

7) les entreprises de spectacles (musicaux ; sportifs ; cinématographiques ; etc.). La liste n'est pas exhaustive ; elle est donc seulement indicative.

334) *Que faut-il entendre par l'expression emprunt de commercialité ?* (334)

C'est le fait qu'un acte apparemment civil, puisque ne figurant pas dans les deux listes du Code de commerce, soit néanmoins qualifié d'acte de commerce.

Ce sera du fait de son auteur, lequel serait un commerçant ou une société commerciale.

---

333) Alain LIENHARD, GIE : preuve du caractère commercial, Rev. sociétés 2010. 386.

334) Dimitri HOUTCIEFF, § 2 - Domaine de l'emprunt de commercialité, Répertoire de droit commercial / Acte de commerce Com., MAJ 2025.

335) *Quelle est la qualification juridique des actes civils accomplis par les sociétés commerciales et/ou par les commerçants ?* (335)

Ces actes de nature civile sont dès lors qualifiables d'actes de commerce. Il s'agit alors d'un emprunt de commercialité. Plus précisément, la qualité commerciale de l'auteur de l'acte se transfère à cet acte.

336) *Vu que le commerçant (un individu) a également une activité de particulier, quelle nature donne-t-on à ses actes ?* (336)

Il y a une présomption de commercialité. C'est au commerçant de démontrer que c'est pour son activité personnelle ou familiale qu'il aura procédé à l'acte. Auquel cas, l'acte en question sera qualifié de civil.

D'où les trois exclusions suivants : pas de tribunal de commerce (pas le tribunal judiciaire) ; pas de liberté de la preuve (mais la preuve écrire au-delà de 1500 € d'enjeu) ; pas de prescription commerciale de seulement 2 ans (mais celle de droit commun de 5 ans).

---

335) Maurice BINI, L'association et la commercialité, LPA 12 juin 1996, n° PA199607105, p. 21.

336) Dimitri HOUTCIEFF, Art. 1er - Actes accomplis par un commerçant dans l'exercice de son commerce, Répertoire de droit commercial / Acte de commerce Com., MAJ 2025.

337) *Dans quels cas un acte qualifiable de civil (puisque provenant d'un particulier) est-il cependant qualifié de commercial ?* (337)

Le cas plus courant consiste en l'apposition de sa signature sur une lettre de change (ou traite). Mais l'on peut en outre citer ces quatre cas suivants :

1) la cession de fonds de commerce ;

2) la cession de contrôle d'une société (cession de parts ou d'actions ayant une incidence véritable sur la répartition des pouvoirs) ;

3) le gage commercial (gage garantissant une opération commerciale) ;

4) le cautionnement intéressé (avantage financier ou moral pour la caution).

§ 2. – Les opérations sur le fonds de commerce.

PLAN :

A. – Le contrat d'exploitation du fonds par un tiers.

B. – Le nantissement du fonds de commerce.

---

337) Deen GIBIRILA, La nature commerciale de l'engagement d'aval d'une lettre de change, LPA 6 janv. 1997, n° PA199700302, p. 9.

A. – Le contrat d'exploitation du fonds par un tiers.

338) ***Dans le cadre de quel(s) procédé(s) juridique(s) (contrat(s)) le propriétaire d'un fonds de commerce le laisse-t-il gérer par un tiers ?*** **(338)**

Deux sortes de contrats s'offrent à lui.

D'une part, la location-gérance, encore dite gérance libre ; d'autre part, la gérance salariée.

339) ***Dans quel(s) type(s) de gérance la gestion se fait-elle entièrement aux risques et périls du propriétaire du fonds de commerce ?*** **(339)**

Dans la gestion par un salarié, et dans la gestion par un mandataire. D'une part, un simple salarié n'a pas à assumer les risques des affaires ; les pertes sont dès lors pour le patron. Naturellement, il en va différemment si notre salarié commettait des délits sur les biens du fonds : vols ; dégradations ; abus de biens sociaux ; etc.

D'autre part, le même argument (d'irresponsabilité financière) est applicable à un mandataire. Qu'il agisse en l'occurrence avec ou sans rémunération au nom et à la place du mandant (le propriétaire du fonds de commerce).

---

338) Quentin GUIGUET-SCHIELÉ, Participation aux acquêts et exploitation individuelle de fonds de commerce, Gaz. Pal. 2 avril 2019, n° 346k9, p. 85 ;

339) Bernard SAINTOURENS, Le nouveau statut du gérant-mandataire d'un fonds de commerce ou d'un fonds artisanal, RTD com. 2005. 704.

340) *Que dire à propos de l'exploitation de son fonds de commerce (héritage, donation) par un fonctionnaire ?* (340)

L'on dira que c'est un risque disciplinaire pour lui. Car il y a incompatibilité entre le statut de fonctionnaire et le statut de commerçant. Or ce dernier est indispensable pour exploiter soi-même son fonds de commerce.

En clair, le fonctionnaire devrait recourir à la location-gérance : un tiers exploiterait ce fonds pour lui (ou presque).

341) *De quand date la loi relative à la location-gérance du fonds de commerce, loi entièrement reprise dans le Code de commerce ?* (341)

De 1956. Il s'agit de la loi n° 56-277 du 20 mars 1956.

342) *Quels sont les critères de distinction entre le gérant salarié et le locataire-gérant ?* (342)

Trois apparaissent nettement. Premièrement, leur statut personnel : l'un (le gérant) est un salarié, tandis que l'autre (le locataire) est un commerçant.

---

340) Arnaud Reygrobellet, Chapitre 44 - Exploitation du fonds de commerce et régimes matrimoniaux, Fonds de commerce / Titre 4 - L'exploitation directe du fonds de commerce ou par l'intermédiaire de mandataire, 2012.

341) Idem.

342) Jehan-Denis Barbier, Distinction de la location-gérance et de la gérance-mandat, Gaz. Pal. 20 mars 2018, n° 316b7, p. 64 ; Rédaction, C - Location-gérance et autres contrats visant à organiser l'exploitation du fonds de commerce, Droit et pratique des baux commerciaux / § 1 - Difficultés de qualification, 2025.

Deuxièmement, l'exposition au risque commercial, au risque des affaires. En effet, le locataire-gérant supporte les risques d'exploitation, alors que le salarié qui a fait son travail est assuré de percevoir sa rémunération.

Troisièmement, il y a leur revenu ; le salarié perçoit une somme fixe, prédéterminée, alors que le locataire-gérant se rémunère en fonction des bénéfices réalisés.

343) *Dans quelle mesure le locataire-gérant ressemble-t-il au gérant-salarié ?* (343)

Leur point de ressemblance et que tous les deux s'efforcent de mettre en valeur le fonds de commerce.

L'objectif ultime étant d'attirer le maximum de clients, d'augmenter ainsi le chiffre d'affaires, puis les bénéfices aussi.

344) *Quel élément (qualité, statut) le locataire-gérant d'un fonds de commerce possède, mais que n'aurait pas le gérant salarié d'un tel fonds ?* (344)

Il se trouvera que le locataire-gérant a la qualité de commerçant. Il est comme tel inscrit au registre du commerce et des sociétés.

---

343) Nicolas FERRIER, Le statut de gérant-mandataire issu de la loi du 2 août 2005, LPA 26 mai 2006, p. 4.

344) Idem.

345) *Quand les règles spécifiques à la location-gérance se voient-elles complétées ou supplantées par d'autres règles ?* (345)

Chaque fois que nécessaire les règles gouvernant les obligations (régime des contrats) s'appliquent à la location-gérance.

Par ailleurs, les règles qui gouvernent les procédures collectives trouvent à s'appliquer si le fonds de commerce fait l'objet d'une procédure collective de paiement (liquidation judiciaire, redressement judiciaire).

346) *Quelles règles gouvernent le fonds artisanal ?* (346)

Les mêmes que celles prévues pour le fonds de commerce.

347) *Qu'est-ce qu'un contrat de location ?* (347)

Selon le Code civil, c'est le « *contrat par lequel l'une des parties s'oblige à faire jouir l'autre d'une chose pendant un certain temps, et moyennant un certain prix que celle-ci s'oblige à payer* ».

Ce Code parle en réalité de contrat de louage (dans une langue du 19ème siècle). Précisons que la location qui porte sur un bien immeuble porte plutôt l'appellation de contrat de bail.

---

345) Françoise AUQUE, Les fondamentaux du bail commercial en France, AJDI 2018. 658.

346) Nicolas DISSAUX, Chapitre 2 - Fonds artisanal, Répertoire de droit commercial / Artisan Com., Mise à jour de novembre 2023.

347) Jean-Baptiste SEUBE, La location, aussi dénommée bail, RDC sept. 2022, n° RDC200w7.

348) *Qu'est-ce qu'une location-gérance d'un fonds de commerce ?* (348)

C'est le fait que, par contrat, le propriétaire d'un fonds de commerce ou d'un établissement artisanal en concède partiellement ou totalement la location à un gérant qui l'exploite à ses risques et périls.

349) *Pourquoi des juristes ont-ils pu soutenir que le fonds de commerce ne pouvait faire l'objet d'une location ?* (349)

Parce que le fonds de commerce est une fiction considérée comme un objet incorporel.

Cela, même si tout fonds de commerce comprend à la fois des éléments corporels et des éléments incorporels. Or, faisaient malicieusement observés les auteurs en question, un objet incorporel ne peut se prêter qu'à licence d'utilisation (comme c'est faisable pour les brevets d'invention).

Cependant, quoique convaincante d'un point de vue strictement juridique, les besoins de la pratique ont obligé à ne pas prendre en considération l'impossibilité logique de la location du fonds de commerce.

---

348) Nicolas DISSAUX, La cessation du contrat de gérance-mandat : quel régime spécial ? AJ contrat 2019. 483.

349) Marie-Pierre DUMONT-LEFRAND, Le nantissement de fonds de commerce confère-t-il au créancier nanti un droit de rétention ? Gaz. Pal. 20 mars 2014, n° 169x7.

350) *Dans quelle mesure le contrat de location-gérance est-il un contrat intuitu personae ?* (350)

Dans la mesure où le propriétaire du fonds n'en confierait pas l'exploitation à n'importe qui. Il souhaitera en effet un locataire honnête et travailleur.

Le contrat intuitu personae comporte une forte dimension personnelle. Par conséquent, le contrat devrait survivre à la disparition du propriétaire (vente du fonds, donation, décès, etc.).

En revanche, la remise en cause de la location-gérance se comprendrait en cas de changement dans la personne du locataire-gérant.

351) *Quelle nature juridique faut-il attribuer à la location-gérance, entre l'acte d'administration et l'acte de disposition ?* (351)

Les juristes distinguent trois types d'actes : les actes conservatoires, les actes d'administration et les actes de disposition. Les premiers ont vocation à conserver à un bien son intégrité physique et/ou sa valeur économique. Les actes de disposition visent la gestion du bien, de façon à lui faire produire de la valeur (intérêts, loyers, etc.).

Quant aux actes de disposition, ils aboutissent à la sortie d'un bien du patrimoine d'une personne, à l'occasion d'une donation, d'une vente, voire d'une hypothèque.

En principe, une location est un acte d'administration, puisque le bien loué demeure dans le patrimoine du loueur. Néanmoins, certaines

---

350) Jean-Christophe PAGNUCCO, Le caractère intuitu personae de la franchise à la lumière du principe d'autonomie de la personne morale, BJS juill. 2024, n° BJS203d5.

351) Bernard ALIBERT, La gestion : essai de définition juridique, LPA 26 févr. 1997, n° PA199702504, p. 10.

locations de longue durée finissent par priver le propriétaire (de la libre disposition) de son bien. Certes, le contrat de location-gérance n'a pas la durée quasi-perpétuelle du bail commercial.

Néanmoins, la valeur du fonds risque de s'éroder, voire de disparaître, si le locataire-gérant l'exploite mal. Autrement dit, même si le contrat de location-gérance n'est pas un acte de disposition, il n'en est pas moins un acte grave.

352) *En quoi le contrat de location-gérance est-il un acte grave de la part du propriétaire du fonds de commerce ?* (352)

D'une part, si le locataire-gérant s'avère être un piètre exploitant, le fonds de commerce n'aura bientôt plus aucune valeur. D'autre part, le bailleur est tenu solidairement au paiement des dettes fiscales du locataire-gérant.

De troisième part, pendant six mois après la publication du contrat de location-gérance, le loueur pourra être poursuivi (solidarité) pour les dettes engagées par le locataire-gérant pour l'exploitation du fonds de commerce.

352) Marie-Claire GRAS et Benoît GUILLON, La signature d'une convention d'honoraires prévoyant un honoraire de résultat constitue un acte de disposition, Gaz. Pal. 8 oct. 2019, n° 360r1, p. 64.

353) *Le contrat de location-gérance d'un fonds artisanal est-il un contrat civil ou plutôt un contrat commercial ?* (353)

C'est en principe un contrat civil. En effet, l'artisan sera inscrit au répertoire des métiers, et non pas au registre du commerce et des sociétés. Son activité professionnelle est de nature civile.

Mais une difficulté survient parfois ; car de plus en plus de professionnels sont enregistrés dans les deux. Dans ces conditions, le contrat sera commercial pour le professionnel tout au moins.

354) *Quand est-il certain que le contrat de location-gérance est de nature commerciale ?* (354)

Quand le loueur (le bailleur) et le locataire (le preneur) sont des commerçants. La qualité existe bien entendu chez le loueur exploitant lui-même son fonds. Même conclusion à propos du locataire inscrit comme commerçant au registre du commerce et des sociétés.

---

353) Nicolas DISSAUX, A - Qualification du contrat, Répertoire de droit commercial / Artisan Com., MAJ 2023.

354) Karine RODRIGUEZ, E - Location-gérance, Droit des associations et fondations / § 3 - Droits et obligations résultant de la qualification de commerçant, Œuvre collective sous la direction de Philippe-Henri Dutheil, 2016.

355) *Quel est l'enjeu (l'intérêt) de la détermination de la nature juridique (civile ou commerciale) du contrat de location-gérance ?* (355)

L'enjeu est la connaissance de la juridiction judiciaire compétente.

Ce sera le tribunal de commerce en cas de nature commerciale du contrat, alors qu'il conviendra de s'adresser au tribunal judiciaire en cas de contrat de location-gérance de nature civile.

356) *Quelle sera la nature du contrat de location-gérance passé par le mineur propriétaire d'un fonds de commerce hérité ?* (356)

Parce qu'un mineur n'a pas le droit de l'exploiter lui-même, il fera logiquement appel à un tiers. Celui-ci devra forcément être un commerçant (inscrit au RCS), le contrat sera commercial à son égard.

Bien entendu, à l'égard du mineur (représenté lors de la signature), le contrat sera de nature civile. Au total, il s'agira d'un contrat mixte, puisque civil pour le loueur et commercial pour le locataire.

Il convient de noter qu'un mineur émancipé dispose de la pleine capacité juridique. Grâce à cette capacité civile, il peut passer le contrat de location gérance, lequel est un contrat civil.

---

355) Idem.

356) Arnaud REYGROBELLET, § 2 - Caractères de la location-gérance, Fonds de commerce / Section 2 - Nature juridique de la location-gérance, 2012.

357) *Plutôt que le terme loyer, quel terme est de préférence utilisé pour désigné la mensualité due au bailleur d'un fonds de commerce ?* (357)

On parle souvent de redevance. Il n'en demeure pas moins que le terme loyer conserve une large place.

358) *Quelle qualification pour la gérance du fonds de commerce par un gérant en situation de subordination économique (et peut-être juridique aussi) envers le bailleur ?* (358)

Les juges (et les juristes en général) estiment alors qu'il ne s'agit pas d'une gérance libre (d'une location-gérance), mais plutôt d'une gérance salariée.

Il est de principe que le salariat s'accompagne d'uns subordination (d'une obéissance). Dès lors, il aura application du Code du travail (art. L. 7321-2), comme pour un gérant de succursale.

---

357) DÉCRET N° 2021-474 du 20 avril 2021, Relatif au paiement des factures d'eau, de gaz et d'électricité afférents aux entreprises dont l'activité est affectée par une mesure de police administrative en réponse à l'épidémie de covid-19.

358) Jehan-Denis BARBIER, Distinction de la location-gérance et de la gérance-mandat, Gaz. Pal. 20 mars 2018, n° 316b7, p. 64.

359) *Quelle juridiction est compétente pour juger le litige d'un gérant de fonds de commerce finalement assimilé à un salarié (sorte de gérant de succursale) ?* (359)

Dans ses rapports avec le bailleur (dont il dépendra économiquement, voire juridiquement), le contentieux du gérant sera tranché par le conseil des prud'hommes (la juridiction prud'homale).

Dans ses rapports avec ses cocontractants, ce gérant conservera sa qualité de commerçant ; il relèvera donc du tribunal de commerce. Naturellement, la compétence du tribunal judiciaire sera envisageable dans le cas où l'adversaire du gérant est un particulier (un non-commerçant) qui se refuserait à agir devant le tribunal de commerce.

360) *Dans quelle mesure la location-gérance se distingue-t-elle de la franchise ?* (360)

Le franchisé est généralement propriétaire de son fonds. Il cherchera pourtant à reproduire la réussite commerciale du franchisé.

Sans aucun doute, le locataire-gérant, lui, exploite un fonds de commerce appartenant à autrui.

---

359) Idem.

360) Hugues Kenfack, § 5 - Location-gérance et franchise, Répertoire de droit commercial / Location-gérance de fonds de commerce Com., MAJ 2024 ; Bernard Saintourens, Location-gérance de fonds de commerce et franchise de distribution, RTD com. 2024. 538.

361) *Comment distingue-t-on la location-gérance de l'usufruit d'un fonds de commerce ?* (361)

Il y a une difficulté de distinction, parce que dans les deux cas l'exploitant du fonds de commerce n'en est pas propriétaire.

La singularité vient toutefois de ce que celui qui l'exploite dans le cadre de l'usufruit a le bénéfice exclusif des profits réalisés. Or, dans la location-gérance, une portion des gains obtenus reviendront au bailleur ; tout au moins sous la forme de la redevance convenue.

Cela étant, les deux exploitants supportent les pertes éventuelles. D'un autre côté, ils doivent maintenir la valeur de la clientèle, en exploitant judicieusement le fonds. Les améliorations éventuelles apportées par eux font progressivement partie intégrante du fonds de commerce.

Dès lors, elles reviendront au propriétaire (après de longues années). Ce propriétaire sera en vérité le nu-propriétaire, s'agissant de l'usufruit, et sera le bailleur concernant la location-gérance.

---

361) Hugues KENFACK, § 3 - Location-gérance et usufruit du fonds de commerce, Répertoire de droit commercial / Location-gérance de fonds de commerce Com., MAJ 2024 ; Jean-Pascal CHAZAL, L'usufruit d'un fonds de commerce, Defrénois 15 févr. 2001, p. 167.

362) *Qu'est le contrat de management dans lequel le propriétaire d'un hôtel en délègue la gestion complète à une personne contre un pourcentage des bénéfices réalisés ?* (362)

Il s'agit d'un contrat d'intérêt commun (à ne pas confondre avec un mandat d'intérêt commun). On ne saurait parler de location-gérance car, juridiquement, l'exploitant du fonds en demeure le propriétaire.

On ne saurait non plus parler de contrat de travail (de gérance salariée), au regard de l'autonomie et des larges pouvoirs laissés à la personne. De fait, la collaboration quasi égalitaire de l'espèce satisfera pleinement la volonté de lucre de l'un et de l'autre cocontractant.

363) *Quels éléments de ressemblance y a-t-il entre le locataire-gérant et le franchisé ?* (363)

Tous les deux sont des commerçants. Et leur activité est facilitée par le partenaire (bailleur de fonds ou franchiseur). Enfin, comme commerçants ils agissent à leurs risques et périls.

---

362) Florence DEFRADAS, Le contrat de management hôtelier : les points clés d'une bonne négociation, JT 2012, n°142, p.34.

363) Bernard SAINTOURENS, Location-gérance de fonds de commerce et franchise de distribution, RTD com. 2024. 538.

364) *Dans quelles deux hypothèses (par exemple) s'entremêlent la propriété des murs, la location-gérance et le bail commercial ?* (364)

Dans trois hypothèses principalement.

Par exemple, le commerçant qui est locataire des murs dans lesquels il exploite son affaire (donc son fonds de commerce) loue au propriétaire de ces murs son fonds ; celui en deviendra donc l'exploitant.

Par exemple encore, le locataire-gérant devient finalement le propriétaire des murs dans lesquels il exploitait son fonds de commerce comme locataire. Par exemple encore, le propriétaire d'un local (c'est le propriétaire des murs), qui y exerce son activité commerciale prétendu par ailleurs la propriété commerciale, c'est-à-dire un fonds de commerce.

365) *Comment dire à juste titre qu'il s'agit d'un bail commercial et non pas d'une location-gérance (et vice versa)* (365) ?

Le critère a utilisé est l'existence d'une clientèle réelle et personnelle. Si le propriétaire des locaux n'en avait pas, il s'agit d'un bail commercial. Si en revanche ce propriétaire possédait (déjà) une clientèle, il s'agira d'une location-gérance.

La réalité offre parfois des cas bien singuliers. Par exemple, quand l'exploitant d'une station essence en confie la gérance à un individu,

---

364) Sarah ANDJECHAÏRI-TRIBILLAC et Jessica GRISIER, Sens et maniement du droit de préférence légal du locataire à bail commercial, AJDI 2024. 838; COUR D'APPEL DE CHAMBÉRY 27 avril 2021, Nullité des clauses d'un bail commercial niant la propriété commerciale du preneur et soumettant la cession du fonds de commerce à un droit de préemption du bailleur, AJDI 2021. 842.

365) Jehan-Denis BARBIER, Sur les obligations du locataire après la vente de son fonds au propriétaire, Gaz. Pal. 20 mars 2018, n° 316d8, p. 57.

le pétrolier (TOTAL, ESSO, etc.) pourrait estimer que les clients (de la station) sont attirés par lui (et donc attachés à lui), plutôt que par le gérant. Surtout si la station n'avait jamais fonctionné jusque-là.

366) *Pourquoi l'homme d'affaires préférera-t-il le bail commercial à la location gérance ?* (366)

Pour deux raisons. D'une part, un bail commercial ouvre droit au renouvellement ; sa durée est donc quasiment la perpétuité. On sait à l'inverse que la location-gérance a une durée contractuellement limitée ou interruptible sans indemnité particulière ; du moment qu'un préavis suffisant est respecté.

D'autre part, le titulaire du bail commercial devient titulaire du fonds de commerce (et donc de la propriété commerciale). Or le locataire-gérant doit se contenter d'exploiter un fonds de commerce qui ne sera jamais le sien, à moins d'un contrat translatif à son profit.

367) *Pourquoi peut-on dire que la liberté contractuelle (choix des clauses) n'est pas pleine et entière en matière de location-gérance ?* (367)

La réponse n'est pas catégorique. En effet, certains points du contrat sont régis par des dispositions d'ordre public auxquelles les parties contractantes ne peuvent librement déroger.

---

366) Catherine BERLAUD, Location gérance et bail commercial : condition des deux années d'exploitation personnelle, Gaz. Pal. 17 avril 2018, n° 321g0, p. 38.

367) Christophe ALBIGES, Location-gérance et manquement à des dispositions d'ordre public, GPL 13 déc. 2022, n° GPL443n7.

368) *Le législateur a-t-il prévu toutes les règles relatives à la location-gérance dans le Code de commerce ?* (368)

La réponse est non. Effectivement, en cas de litige, le droit spécial qui gouverne la location-gérance doit être complété, au besoin, par le droit commun des contrats et le droit commun de la location. Il faut ainsi donc parfois recourir à des règles figurant dans le Code civil.

369) *Que faut-il penser d'une location-gérance en l'absence de toute clientèle ?* (369)

Il faudrait songer à une erreur ; car dans un tel cas il ne saurait y avoir de location-gérance. En l'absence de clientèle, il n'y a pas de fonds de commerce.

Si le fonds de commerce n'existe pas, il est impossible de le louer. Le contrat qui interviendrait quand même serait donc nul pour défaut d'une condition essentielle. Il faudra dès lors penser à une requalification de la location-gérance en contrat de bail.

Du moins si le loueur du fonds prétendu est le propriétaire des murs. Il est entendu que le pseudo propriétaire du fonds de commerce ne peut consentir un bail commercial sur un local qui ne lui appartient pas. Une sous-location est certes envisageable.

Mais, bien souvent, une telle location en cascade est contractuellement subordonnée à l'accord préalable du propriétaire des murs.

---

368) Idem.

369) Yves ROUQUET, Disparition de la clientèle et immatriculation du locataire-gérant, AJDI 2011. 287

370) *Quel est l'effet de la disparition de la clientèle sur la location-gérance ?* (370)

Nous savons qu'il ne saurait y avoir de location-gérance en l'absence de clientèle, et donc en l'absence de fonds de commerce.

Attention : une interruption momentanée de l'activité n'aboutit pas forcément à une disparition de la clientèle et à la compromission du fonds de commerce.

371) *L'exercice (immédiat) de quelles activités paraît inconcevable dans le cadre d'une location-gérance ?* (371)

Les activités dont l'exercice est subordonné à la détention d'un diplôme et/ou qui dépendent à une autorisation de l'administration. Car, l'autorisation existante vaudra pour une personne précise dont les qualités (la moralité et la compétence) auront fait l'objet d'une vérification spécifique.

Certes, il est envisageable de conditionner le contrat à l'obtention de l'autorisation administrative recherchée. Alors ce contrat produira effet si tel est le cas. En revanche, il s'éteindra avant d'avoir produit le moindre effet, si le candidat n'est pas consacré par l'administration.

En pur droit, il ne s'agirait pas d'une extinction du contrat, puisque celui n'aura point préalablement existé. Il aura été mort-né. C'est la notion de condition en matière de contrats.

---

370) Idem.

371) Christophe ALBIGES, Incessibilité d'une autorisation préfectorale nominative d'exploitation, Gaz. Pal. 12 déc. 2013, n° 157h6.

372) ***Quelle opération le propriétaire d'un fonds de commerce peut-il interdire au locataire, entre la location-gérance et la cession ?*** **(372)**

C'est la location-gérance. Le commerçant propriétaire du fonds de commerce a le droit de le céder, en même temps que le droit au bail (et le droit au renouvellement).

Pour le propriétaire des murs, la cession est une opération davantage embarrassante pour lui, car son local ne lui reviendra pas rapidement (sauf à refuser le renouvellement du bail et à payer une indemnité d'éviction).

373) ***Quel est l'effet de la non-inscription du locataire au RCS sur la location-gérance qu'il aura consentie ?*** **(373)**

La Cour de cassation a estimé dans un arrêt (du 18 octobre 2016) que l'immatriculation du locataire au RCS n'était pas une condition impérative sanctionnée par la nullité du contrat de location-gérance.

---

372) Jean-Bernard BLAISE et Richard DESGORCES, Section 3 - La location-gérance du fonds de commerce, Droit des affaires, août 2023, Lextenso.

373) Nicolas MORELL, Le temps et la confusion des patrimoines, Rev. sociétés 2019. 128.

374) *Quels propriétaires d'un fonds de commerce ne peuvent eux-mêmes le donner en location-gérance ?* (374)

Il s'agit des propriétaires relevant de la catégorie des incapables, ou des personnes protégées. À savoir les mineurs et les majeures sous curatelle ou sous tutelle.

En vue de contracter, ces personnes doivent solliciter l'intervention d'un tiers ; leur représentant légal.

375) *Quand la notion d'inopposabilité s'envisage-t-elle en matière de contrat de location-gérance ?* (375)

Quand une personne, qui aurait dû donner son accord préalablement à la signature de ce contrat, n'a pas été associé à la conclusion du contrat de location-gérance du fonds de commerce (ou du contrat de bail commercial).

Le contrat sera valable entre les signataires, mais ne s'appliquera pas à la personne qui n'y aura pas consenti. Par exemple, tous les indivisaires (copropriétaires) de ce bien doivent consentir à sa cession ; même exigence pour les deux époux.

Pareillement, l'usufruitier a besoin du consentement préalable de nu-propriétaire. Sinon le contrat ne s'impose nullement à ce nu-propriétaire, aux autres indivisaires, à l'autre époux, etc.

---

374) Michel MENJUCQ, Chapitre 7 - L'exploitation du fonds confiée à un tiers, Droit commercial et des affaires, juin 2024, Lextenso.

375) Charles-Édouard BRAULT, Inopposabilité de la cession et responsabilité du rédacteur, GPL 17 déc. 2024, n° GPL471h9 ; RÉDACTION, Inopposabilité aux créanciers du paiement par le cessionnaire du fonds de commerce avant l'expiration du délai, DEF flash 18 déc. 2024, n° DFF213q5.

Cette notion d'inopposabilité fait penser au principe de la relativité du contrat. Selon ce principe, un contrat ne profite et n'oblige que les parties contractantes. Sauf que l'absence d'effet à l'égard des tiers concernera cette fois, non pas un tiers étranger (un penitus extranei), mais un tiers vraiment intéressé. Car il aurait dû être partie au contrat.

376) *Que fait le créancier en présence d'un contrat inapplicable compte tenu d'une inopposabilité (au conjoint, au nu-propriétaire, au co-indivisaire) ?* (376)

Ce créancier doit demander à son débiteur qui, tout seul, aura engagé un bien sur lequel il n'avait pas la propriété exclusive, de convaincre les autres copropriétaires à se joindre à l'opération.

Ainsi, ils renonceront éventuellement à soulever l'exception d'inopposabilité du contrat. Si le contrat avait été nul (absence d'une des conditions de validité), leur intervention consisterait à confirmer ce contrat (en écrivant qu'ils n'en demanderont pas l'annulation).

Faute d'une telle solution amiable, le créancier demandera la résolution du contrat (non encore mis en œuvre) ou la résiliation du contrat (déjà mis en application).

---

376) Michel CABRILLAC, Un époux ne peut se porter avaliste d'un billet à ordre sur des biens communs sans l'autorisation de son conjoint, D. 1997. 261.

377) *Dans quel cas un conjoint peut-il donner un fonds de commerce en location-gérance sans que s'ensuive une inopposabilité du contrat, voire sa nullité ?* (377)

Quand le fonds de commerce appartient en propre à ce conjoint qui aura décidé de louer (ou de vendre).

Il est entendu que si les biens acquis pendant le mariage appartiennent en commun aux deux conjoints, en revanche, les biens hérités ou reçus en cadeau, de même que les biens possédés avant le mariage, sont des biens propres au conjoint concerné. Même conclusion si avant le mariage ou bien après les époux ont choisi le régime de séparation des biens.

Une hypothèse cependant rarissime, sauf pour les familles très riches ou pour les personnes qui embrassent le commerce. Les mariages de raison et les mariages arrangés facilitaient aussi un tel choix.

Aujourd'hui, le régime de la communauté des biens (tout au moins de la communauté légale) s'impose à tous ceux qui n'auront pas effectué de choix particulier.

377) Jean-Pierre SÉNÉCHAL, 3. L'affectation de biens communs ou indivis, BJE mars 2011, n° JBE-2011-0003, p. 62 ; Véronique LEGRAND, Le conjoint commun en biens de l'entrepreneur et patrimoine d'affectation : réconciliation de la vie professionnelle et de la famille ? LPA 3 juin 2014, n° PA201411015, p. 86.

378) *Quelle condition doit respecter le dirigeant social qui voudrait prendre en location-gérance l'un des sites de la société ?* (378)

Il y a un risque d'abus de biens sociaux en l'espèce. Le dirigeant, futur locataire, doit prendre la précaution de solliciter l'avis des associés (de préférence en assemblée générale).

C'est la procédure des conventions réglementées. Elle est également applicable aux cautionnements et aux avals que la société donnerait pour rendre service.

379) *Pendant combien de temps au minimum le propriétaire d'un fonds de commerce doit-il l'avoir exploité avant de pouvoir le donner en location-gérance ?* (379)

Deux ans, depuis l'année 2004. Avant, il fallait sept ans.

---

378) Arnaud Reygrobellet, Non-restitution d'un fonds loué à une société et donation indirecte à un associé : quand louer, c'est donner, BJS avril 2018, n° 118j6, p. 191 ; Bernard Saintourens, La prise en location-gérance par une société du fonds de commerce appartenant à un associé à l'épreuve de la confusion des patrimoines, BJS oct. 2001, p. 980.

379) Bernard Saintourens, Le conjoint survivant n'est pas tenu de remplir les conditions de délai d'exploitation pour donner le fonds en location-gérance, RTD com. 2008. 500.

380) ***Quelles sont les trois exceptions à la durée minimale d'exploitation personnelle du fonds de commerce avant de pouvoir le donner en location-gérance ?*** **(380)**

Il y a d'abord, le cas où le fonds appartiendrait à un incapable. Ensuite, le cas où le fonds aura été hérité par celui qui entendrait le mettre en location-gérance. Enfin, il y existe le cas où le propriétaire du fonds aura obtenu du président du tribunal judiciaire une dispense de respect du délai (de deux ans).

Ce président rend son ordonnance favorable par exemple si le loueur étant malade, ne peut poursuivre l'exploitation du fonds. Autre hypothèse : l'intéressé ne dispose pas de moyens suffisants pour engager un salarié affecté à la gestion du fonds.

Il pourrait par ailleurs être un fonctionnaire, un état incompatible avec l'exercice d'une activité commerciale.

381) ***Quelles sont les quatre principales obligations du locataire-gérant ?*** **(381)**

Premièrement, le locataire-gérant doit respecter la destination du fonds de commerce ; il ne doit pas le déspécialiser.

En second lieu, il tiendra compte des obligations inscrites dans le contrat de bail au profit du propriétaire des murs (loyer, entretien, etc.).

---

380) Jean DERRUPPÉ, Fonds de commerce. Location-gérance, Exploitation personnelle, Délais, Computation, RTD com. 1995. 586.

381) Christophe ALBIGES, Obligation d'exploiter un fonds de commerce et bail commercial, Gaz. Pal. 10 janv. 2013, n° 112h5 ; Luc-Marie AUGAGNEUR, et Karine THIEBAULT, Les obligations cachées du repreneur d'un fonds de commerce en matière de relations commerciales, LPA 19 févr. 2015, n° PA201503604, p. 13.

Troisièmement, le locataire laissera le bailleur accéder à sa comptabilité (pour qu'il n'exagère ou ne minimise son succès commercial).

Enfin, le locataire-gérant s'oblige à ne pas concurrencer le fonds de commerce s'il cessait de le louer (et décide de s'installer un peu plus loin).

382) *Quelles sont les obligations du bailleur du fonds de commerce envers le locataire-gérant ?* (382)

Il pèse deux obligations essentielles sur ce bailleur, pendant et à l'issue du contrat. D'une part, ne pas (du tout) faire concurrence au locataire ; d'autre part, reprendre la marchandise qui subsisterait à la fin du contrat de location-gérance.

383) *Sur quoi porte la solidarité du bailleur relativement aux dettes du locataire-gérant ?* (383)

Cette solidarité (pour le paiement des dettes) concerne d'abord le paiement des impôts directs du locataire-gérant (mais pas l'impôt indirect qu'est la TVA).

Elle concerne ensuite les dépenses d'exploitation du fonds (mais pas les amendes, les dommages-intérêts et les dettes strictement personnelles du locataire-gérant).

---

382) Jehan-Denis BARBIER, Sur les obligations du locataire après la vente de son fonds au propriétaire, Gaz. Pal. 20 mars 2018, n° 316d8, p. 57.

383) Rémy LIBCHABER, Les embarras de la solidarité dite "commerciale", RDC 2019, n° 115w5, p. 50 ; Fabien KENDÉRIAN, Cession du bail commercial en liquidation judiciaire : portée de la clause de solidarité du cédant, Gaz. Pal. 16 janv. 2018, n° 311e6, p. 64.

384) *A quel moment la location-gérance suppose-t-elle une publicité dans un journal d'annonces légales ?* (384)

Au moment d'actes juridiques capitaux pour le fonds. Principalement, dans les 15 jours de la conclusion du contrat.

Puis à la fin de ce contrat, pour échapper alors aux obligations qui naitraient par la suite.

385) *Quelle est la durée d'un contrat de location-gérance ?* (385)

Sa durée dépend du libre choix des cocontractants.

En général, ils retiennent une durée annuelle, renouvelable par tacite reconduction.

---

384) Cour de cassation, com. 7 janvier 1992, Le défaut de publicité d'une mise en location-gérance rend le bailleur solidairement responsable des dettes contractées par le locataire-gérant, D. 1992. 52.

385) Cour d'appel de Paris 6 octobre 2009, Location-gérance et durée d'exploitation, AJDI 2010. 218 ; Cour d'appel de Paris 9 octobre 2002, Date d'expiration du bail commercial et durée de la location-gérance, AJDI 2003. 33.

386) *Dans quelle mesure le principe du consensualisme contractuel est-il mis en échec en matière de contrat de location-gérance ?* (386)

Dans la mesure où le seul échange des consentements ne suffit pas à l'existence valable du contrat. En effet, il faut que ce contrat soit écrit, puis publié.

Certes, la seconde exigence (publication) postule la première (écriture).

387) *Sur quelle base est calculée la redevance due par le locataire-gérant au propriétaire du fonds de commerce ?* (387)

La base prise en considération est variable. Quatre possibilités sont envisageables.

1) une somme fixe ;

2) un pourcentage du chiffre d'affaires ;

3) un pourcentage des bénéfices ;

4) un pourcentage (à la fois) du chiffre d'affaires et des bénéfices.

---

386) Lucas BETTONI, Les nouvelles dispositions du code civil consacrées au prolongement du lien contractuel, RTD civ. 2022. 309 ; Olivier PENIN, Quelques réflexions techniques à propos de la dualité caractéristique de la tacite reconduction, RTD civ. 2015. 45 ; Françoise FAVENNEC-HÉRY, La date certaine des actes sous seing privé RTD civ. 1992. 1.

387) Olivier JACQUIN, Fixation des indemnités d'éviction principale et accessoires de locaux à usage de vente au détail de chaussures, GPL 23 avril 2024, n° GPL462o7.

388) *Pourquoi peut-on dire que les redevances payées sont fiscalement neutres pour le (seul) locataire ?* (388)

Parce que les redevances payées au bailleur constituent une charge d'exploitation que le locataire déduit de ses bénéfices.

En revanche ce bailleur doit non seulement payer la TVA (20%), mais en plus déclarer les redevances au fisc, au titre des Bénéfices Industriels et Commerciaux (BIC).

389) *En matière de contrat de location-gérance, qu'est le cautionnement ?* (389)

C'est une somme d'argent laissée en gage au bailleur. La somme en question est restituée si aucun dégât n'est constaté à la fin de la location-gérance.

Notons qu'ailleurs le cautionnement est un contrat par lequel un individu (la caution) promet de payer à la place d'un débiteur si ce dernier s'avère insolvable au moment de s'acquitter de sa dette.

En vérité, les deux types de cautionnements sont susceptibles de se retrouver dans un contrat de location-gérance, pour rassurer le bailleur.

---

388) CONSEIL D'ÉTAT 6 juin 2018, Les éléments à prendre en compte dans le calcul de la valeur ajoutée de la cotisation minimale de taxe professionnelle, Lebon 2018.

389) Stéphane PIÉDELIÈVRE, Un mari ne peut donner en nantissement des titres qui sont des biens communs pour garantir les engagements nés d'un cautionnement donné sans le consentement de son épouse, D. 1996. 204.

B. – Le nantissement du fonds de commerce.

390) *Que veut dire l'expression selon laquelle les biens du débiteurs constituent le gage commun de ses créanciers ?* (390)

Cela veut dire que les créanciers ont le droit de faire vendre les biens du débiteur afin que le prix obtenu permette de les désintéresser.

Tout créancier dispose de ce droit de saisie. La garantie a une très large assiette, puisque qu'elle porte sur le patrimoine du débiteur (ses biens actuels et futurs).

391) *Quels débiteurs échappent à la saisie de leurs biens par leurs créanciers en attente de paiement ?* (391)

Il s'agit de deux types de débiteurs. D'une part, il est interdit d'utiliser des voies d'exécution contre les personnes publiques (États, communes, universités, hôpitaux, etc.). Cette interdiction vaut également pour les personnes publiques étrangères (ambassades, consulats, organisations internationales).

D'autre part, une personne physique (un individu) ne saurait se faire enlever (au profit de créanciers) des choses utiles à sa vie personnelle ou professionnelle. Sont ainsi préservés : les tables, les lits, les réfrigérateurs, les caisses à outil de plombier, la voiture d'un

---

390) COUR DE CASSATION, com. 28 juin 2016, Mandataire judiciaire (monopole pour agir) : gage commun des créanciers, D. 2016. 1495 ; Arlette MARTIN-SERF, Déclaration notariée d'insaisissabilité inopposable au liquidateur pour défaut de publicité au registre du commerce et des sociétés. Reconstitution du gage commun des créanciers, RTD com. 2017. 186.

391) Philippe Delebecque et Philippe Simler, Condition de contestation du procès-verbal établissant l'ordre entre créanciers, RDI 1993. 251.

docteur de SOS Médecins, etc. Certes, la loi n'est pas toujours strictement respectée…

392) *En cas de vente des biens du débiteur en vue du paiement de ses créanciers, dans quel ordre ceux-ci sont-ils désintéressés ?* (392)

Le principe juridique est que tous les créanciers doivent être traités sur un pied d'égalité. Chacun d'eux a le droit d'entamer les poursuites contre le débiteur pour obtenir son dû.

Toutefois, la loi prévoit des exceptions. Elle décide d'une part que certaines créances méritent d'être payées en priorité (pensions alimentaires, dettes inférieures à 500€, salaires, cotisations sociales, dettes d'impôts, etc.). Ce sont les créances privilégiées.

D'un autre côté, et aussitôt après, les créances garanties doivent être payées, chacune grâce à sa garantie spécifique (une hypothèque, un nantissement, etc.). Les créances sans garanties sont les créances chirographaires. Leur paiement a lieu seulement ensuite.

S'il reste encore de l'argent (ce qui sera étonnant), il revient aux associés, au prorata de leurs parts et actions.

393) *Quelles garanties rassurent le créancier sans pour autant priver le débiteur de la valeur économique de son bien ?* (393)

Ces garanties sans dépossession sont notamment l'hypothèque d'immeubles et le nantissement de matériels et outillages.

---

392) Philippe DELEBECQUE et Philippe SIMLER, Ordre entre les créanciers, RDI 1994. 485.

393) Dorothée GOETZ, Focus sur les pouvoirs de la chambre de l'instruction en matière de saisie sans dépossession, D.A. 15 février 2024.

Le gage (par exemple) suppose au contraire de remettre au créancier la chose servant de garantie du paiement de la dette.

394) *Qu'est-ce qu'un nantissement ?* (394)

Le terme nantissement a deux acceptions possibles dans les recueils et manuels. D'un côté, il concerne un contrat par lequel un débiteur désigne un ou plusieurs de ses biens meubles incorporels comme garantie du paiement de la dette.

Ces biens incorporels peuvent être des créances, des parts sociales, des brevets d'invention, etc. Cette désignation peut également être faite d'office par un juge.

En outre, pendant longtemps, le terme nantissement a servi à désigner le gage sans dépossession par lequel des machines ou du matériels constituaient la garantie des organismes qui les avaient financés.

395) *De quel acte juridique résulte un nantissement ?* (395)

Le nantissement résulte, soit d'un contrat, soit d'une décision judiciaire. Dans le premier cas, le créancier l'exige de son débiteur par crainte de l'impayé.

Dans le second cas, une créance n'aura pas été payée à l'échéance, et le créancier craint de ne pas rentrer dans ses fonds. Il s'adresse alors à la justice pour lui permettre d'avoir cette garantie.

---

394) Dominique Legeais, Droit des sûretés et garanties du crédit, août 2024, Lextenso ; Michel Menjucq, Droit commercial et des affaires, juin 2024, Lextenso.

395) Alain LIENHARD, Société civile : nantissement judiciaire provisoire de parts sociales, Rev. sociétés 2011. 44.

396) *Le nantissement du fonds de commerce est-il général ou spécifique à chacun des éléments de cette universalité ?* (396)

Le nantissement est général, si telle a été la décision conventionnelle ou juridictionnelle.

Toutefois, le nantissement peut concerner un des éléments qui composent le fonds de commerce. Par exemple, le droit au bail, un brevet d'invention, etc.

397) *Quel est l'ordre de désintéressement des créanciers garantis par le nantissement du fonds de commerce ?* (397)

C'est vrai que plusieurs créanciers peuvent obtenir un nantissement sur le fonds de commerce. En cas d'insolvabilité du débiteur (de l'exploitant, du gérant-locataire), le commissaire de justice obtiendra un prix de la vente aux enchères de ce bien incorporel.

L'on sait que les créanciers nantis sont enregistrés ; le premier en date sera d'abord payé. Puis viendra le second ; et ainsi de suite.

---

396) Françoise AUQUE, Coup de grâce à la théorie d'Aubry et Rau ? AJDI 2022. 241.

397) Marie-Laure BESSON, Réforme du droit des sûretés (Saison 2, Spin off #3) : les garanties grevant le fonds de commerce, D.A. 5 octobre 2021.

398) *Sur qui le créancier nanti sur le fonds de commerce a-t-il une priorité de paiement ?* (398)

Il bénéficie d'une sorte de préférence sur les créanciers chirographaires (les créanciers sans garantie sur le fonds). Il dispose également d'une priorité sur les créanciers nantis arrivés après lui.

Hélas pour lui, les créanciers privilégiés (Fisc, URSSAF, Salariés) seront forcément payés avant. Car ils ont mieux qu'une garantie : ils ont un privilège prévu par la loi elle-même.

399) *Quelles mentions trouve-t-on certainement dans le contrat de nantissement d'un fonds de commerce ?* (399)

L'on y trouve certainement l'identité et les coordonnées des signataires. Il apparaît aussi logique qu'y soit spécifiée l'assiette du nantissement ; tout au moins que soit précisé ce qui est exclu de la garantie.

Enfin, les intéressés doivent manifestement dater et signer leur contrat.

400) *Dans quelle administration a lieu l'enregistrement du nantissement d'un fonds de commerce ?* (400)

Au tribunal de commerce compétent pour les litiges relatifs à ce fonds de commerce ; c'est plus précisément auprès du greffier. Celui-ci

---

398) Marie-Laure COQUELET, L'inégalité de traitement entre créanciers au crible de l'article 6 de la Déclaration de 1789, D.A. 4 avril 2024.

399) COUR DE CASSATION, 1re civ. 15 mai 2002, Le nantissement constitué par un tiers pour le débiteur est un cautionnement réel, D. 2002. 1780 ; Jean-François BARBIÈRI, Pouvoirs du gérant en matière de cession d'actifs stratégiques, Rev. sociétés 2012. 230.

400) Bernard SAINTOURENS, La fixation du point de départ du délai d'inscription du nantissement du fonds de commerce lorsque l'acte ne comporte aucune date, RTD com. 2003. 57.

participe (dans Infogreffe) à la tenue de divers registres, dont celui des sûretés mobilières et autres opérations connexes.

Tout homme d'affaires devrait parfois y jeter un coup d'œil.

401) *De combien de temps dispose le créancier nanti pour faire enregistrer le nantissement obtenu ?* (401)

Le délai est dorénavant de 30 jours. C'était la moitié jusqu'en 2015. Passé ce délai, l'acte est réputé nul. Dans un langage juridique pur, l'on devrait plutôt parler de caducité (nantissement caduc).

Mais sans cette démarche officielle, l'intéressé n'est pas censé avoir la garantie voulue. Sa créance demeure donc chirographaire.

402) *Comment s'appelle le registre du tribunal de commerce où l'on mentionne le nantissement d'un fonds de commerce ?* (402)

Ce registre spécial s'appelle le registre des privilèges et des nantissements. De même que l'on évite d'acheter une voiture d'occasion sans avoir préalablement sollicité son certificat de non-gage, la même précaution devrait être prise lors de contrats avec une société.

Son état des nantissements et privilèges est accessible sur Infogreffe ; son bilan aussi. Il en coûtera environ une vingtaine d'euros pour les divers types d'état d'une entreprise.

---

401) Frédéric VAUVILLÉ, Le notaire face à la réforme des sûretés réelles spéciales grevant le fonds de commerce, DEF 24 mars 2022, n° DEF206u9.

402) Francine MACORIG-VENIER, Lieu de l'inscription du nantissement matériel d'équipement professionnel et droits du créancier nanti en cas de détention par un tiers : du clair à l'obscur, BJE juill. 2017, n° 114y7, p. 275.

Même avant le succès l'Internet, il était possible d'aller s'informer auprès du tribunal de commerce, ou du Centre des Impôts, ou de la préfecture.

403) *Quand l'inscription du nantissement au tribunal ne suffit-elle pas, et doit être complétée par une inscription dans une seconde administration ?* (403)

L'inscription du nantissement doit par ailleurs être faite auprès de l'INPI (l'Institut National de la Propriété Intellectuelle) s'il comprend des brevets, des logiciels, des marques, etc.

404) *Où l'enregistrement du nantissement des droits de propriété industrielle se fait-il ?* (404)

D'une part, au greffe du tribunal de commerce compétent pour ce commerçant. D'autre part, auprès de l'INPI.

Précisons que ces droits intellectuels portent pour l'essentiel sur : les brevets, les logiciels, les dessins et modèles, les droits d'auteur.

---

403) Catherine BERLAUD, Conséquence du défaut d'inscription à l'INPI des sûretés sur un fonds de commerce comprenant des marques, GPL 23 juill. 2024, n° GPL465q0.

404) Matthieu DHENNE, Opposabilité et publicité de la cession d'un brevet : le sacrifice de la cohérence sur l'autel de la mesure, D. 2024. 1851 ; Charles GIJSBERS, Le défaut de publicité d'une sûreté sanctionnée par la nullité ? Quand l'« absurdité » de la loi est invoquée par le juge au soutien d'une interprétation raisonnable, RTD civ. 2024. 692.

405) *Pourquoi pourrait-on dire que l'obtention d'un fonds de commerce comme garantie n'est pas suffisamment rassurante ?* (405)

Parce que la valeur d'une garantie se mesure au moment où il faut être payé. Or, si le commerçant ne paie pas spontanément, c'est sans doute parce que ses affaires vont mal.

Mieux encore, si ses affaires vont mal, cela signifie que son fonds de commerce n'aura plus sa valeur d'antan. C'est dire que personne ne voudra plus l'acquérir, du moins à ce prix d'autrefois.

Le créancier nanti a par conséquent peu de chance d'être payé en vertu d'une telle sûreté.

406) *Quel juge est compétent pour octroyer un nantissement judiciaire sur un fonds de commerce ?* (406)

C'est en principe le juge de l'exécution. Ce dernier travail au tribunal judiciaire. S'agissant néanmoins de dettes commerciales, la saisine (du président) du tribunal de commerce est également possible.

---

405) Agnès PIMBERT, Garantie de la perte de valeur vénale du fonds de commerce et catastrophe naturelle : tout est dans le contrat ! RGDA sept. 2020, n° 117s4, p. 61.

406) Christian LAPORTE, Dénonciation de l'inscription provisoire de nantissement, Procédures n° 8-9, Août-septembre 2023, comm. 237 ; Jérôme DIETENHOEFFER, Compétence du juge administratif pour connaître d'un litige résultant de l'occupation temporaire autorisée par le juge judiciaire, Contrats et Marchés publics n° 10, Octobre 2023, comm. 280.

407) *À propos du fonds de commerce, pour quelles créances l'inscription s'envisage-t-elle sans convention amiable, ni décision judiciaire ?* (407)

L'hypothèse est celle du défaut de paiement d'un chèque ; ou d'un effet de commerce ; ou d'un contrat notarié ; ou de loyers ; etc.

408) *Quelles sont les deux étapes d'un nantissement judiciaire du fonds de commerce (relativement à l'inscription) ?* (408)

On distingue l'inscription provisoire de l'inscription définitive. Dans un premier temps, le créancier obtient du juge l'inscription souhaitée. Mais le débiteur peut la contester et en obtenir la mainlevée.

En l'absence de protestation dans les trois ans (éventuellement renouvelés), le créancier sollicite alors l'inscription définitive. Si elle lui est accordée, il y doit y procéder dans les deux mois.

409) *Pendant combien de temps dure le nantissement d'un fonds de commerce (validité de l'inscription) ?* (409)

C'est 10 ans, renouvelable (soit 20 ans).

---

407) Bastien BRIGNON, Cession du fonds de commerce et transfert des dettes et des créances, La Semaine Juridique Entreprise et Affaires n° 05, 01 février 2024, 1036.

408) Dominique LEGEAIS, Le nantissement de fonds de commerce, de fonds artisanal et de fonds agricole, Droit des sûretés et garanties du crédit, août 2024, Lextenso, 9782275156583.

409) Hania KASSOUL, Le nantissement de fonds de commerce : mal-aimé ou oublié par le législateur ? LEDC nov. 2021, n° 200l1, p. 7.

410) *Comment le nantissement du fonds de commerce se termine-t-il ?* (410)

À la suite d'une demande de radiation. Une demande faite au juge par le créancier désintéressé ou par le débiteur, notamment en l'absence de renouvellement.

L'inscription judiciaire provisoire est radiée en cas de décision contraire du juge (ordonnance de mainlevée).

Section 2. – Les sites temporaires d'activité de l'entreprise.

Plan :

§ 1. – L'occupation d'une place d'exposant dans une foire ou un salon.

§ 2. – L'occupation d'un local communal, d'une rue ou d'une place.

§ 1. – L'occupation d'une place d'exposant dans une foire ou un salon.

Plan :

A. – Les difficultés entre l'exposant et l'organisateur.

B. – Les procès entre l'exposant et des tiers.

410) François Taquet, L'admission des créances de l'URSSAF à titre privilégié est soumise à inscription, Revue des procédures collectives n° 3, Mai-juin 2023, comm. 54.

A. – Les difficultés entre l'exposant et l'organisateur

411) *Au regard du Code de commerce, qu'est-ce qu'est un parc d'exposition ?* (411).

C'est « *un ensemble immobilier clos indépendant, doté d'installations et d'équipements appropriés ayant un caractère permanent [...], qui accueille, pendant tout ou partie de l'année, des manifestations commerciales ou autres, à caractère temporaire* » (art. L762-1 de ce Code).

412) *Qu'est-ce qu'est un salon professionnel ?* (412)

Selon le Code de commerce (art. L762-2), c'est une « *manifestation commerciale consacrée à la promotion d'un ensemble d'activités professionnelles réservée à des visiteurs justifiant d'un titre d'accès payant ou gratuit* ».

---

411) Delphine BAZIN-BEUST et Dorothée GUÉRIN-SEYSEN, 1 * Les méthodes commerciales déployées en dehors des lieux de vente : les contrats conclus à distance et hors établissement, Droit de la consommation, 2023.

412) Aurélien DEBRAY, Carrefour des gestions locales de l'eau, La Semaine Juridique Administrations et Collectivités territoriales n° 3, 22 janvier 2024, act. 44 ; RÉDACTION LEXTENSO, Pour sa 10e édition, le salon du livre juridique fait peau neuve, LPA 25 sept. 2018, n° 139k7, p. 2 ; Anne-Charlotte GROS, Salon MEET Africa : le droit OHADA partenaire des entrepreneurs, La Semaine Juridique Edition Générale n° 10, 13 mars 2023, doctr. 328.

413) ***Dans quels espaces les salons professionnels sont-ils organisés ?*** **(413)**

Dans les parcs d'exposition et les palais de congrès.

414) ***Quelle est l'époque d'organisation des salons professionnels ?*** **(414)**

Il s'en produit tout le temps ; même si la période des vacances d'été est moins propice car les gens préfèrent se prélasser au soleil, ou profiter du grand air au bord de mer, à la montagne ou sur les chemins des campagnes.

415) ***Qu'est-ce qui est présenté dans un salon professionnel ?*** **(415)**

Les produits et les services en rapport avec le salon en question.

---

413) Idem.

414) Anne-Laure PINEAU, L'économie des salons, paralysée, ne baisse pas les bras, LPA 22 avril 2021, n° 160u0, p. 4.

415) Aurélien DEBRAY, Carrefour des gestions locales de l'eau, La Semaine Juridique Administrations et Collectivités territoriales n° 3, 22 janvier 2024, act. 44 ; RÉDACTION LEXTENSO, Pour sa 10e édition, le salon du livre juridique fait peau neuve, LPA 25 sept. 2018, n° 139k7, p. 2 ; Anne-Charlotte GROS, Salon MEET Africa : le droit OHADA partenaire des entrepreneurs, La Semaine Juridique Edition Générale n° 10, 13 mars 2023, doctr. 328.

416) ***Où trouve-t-on des palais de congrès ou des parcs d'exposition ?*** **(416)**

Dans chaque ville plus ou moins importante.

417) ***Pourquoi une entreprise décidera-t-elle parfois de se délocaliser momentanément vers un parc d'exposition ou un palais de congrès ?*** **(417)**

En vue de promouvoir son image et ses ventes.

418) ***Quel agent économique paraît essentiel dans un salon professionnel ?*** **(418)**

L'organisateur de ce salon.

Il est important parce qu'il aura loué le parc d'exposition ou le palais de congrès ; puis il aura à son tour loué des emplacements aux entreprises désireuses de présenter leurs produits à d'autres professionnels ou bien au grand public.

---

416) https://www.congres-deauville.com/actualites/un-palais-des-congres/

417) Jacques MESTRE (et autres), Chapitre 1 - Les différents cadres des ventes, Droit commercial, Tome 2, 2021.

418) Marie-Laure BESSON, Obligation de conseil et devoir de collaboration de l'architecte et du bureau d'études, LEDIU sept. 2016, n° EDUC-316109-31608, p. 3.

419) ***Pourquoi dit-on que le contrat entre l'entreprise exposante et l'organisateur du salon est un contrat d'adhésion ?*** **(419)**

Parce que peu de points de ce contrat sont susceptibles de négociation particulière.

420) ***Quels reproches (et contentieux) subis l'organisateur du salon professionnel de la part d'entreprises exposantes ?*** **(420)**

En général, elles se plaindront de n'avoir pas été acceptées ou, l'ayant été, de n'avoir pas bénéficié d'un emplacement idéal.

421) ***Sur quelle base juridique l'exposant refusé au salon professionnel pourrait-il agir en justice ?*** **(421)**

Sur la base de la discrimination, ou plus souvent sur la légèreté de l'organisateur du salon.

---

419) Alexis DOWNE, Le contrat d'adhésion à l'épreuve du droit des sociétés, Rev. sociétés 2021. 160 ; Lionel ANDREU, Le nouveau contrat d'adhésion, AJ contrat 2018. 262 ; Thierry REVET, Les critères du contrat d'adhésion, D. 2016. 1771.

420) Quang-Minh LEPESCHEUX, Les salons professionnels : cheval de Troie des contrefaçons ou sanctuaire du vrai ? Gaz. Pal. 6 nov. 2008, p. 22 ; Jean-Pierre CLAVIER, De l'usage licite de la marque d'un concurrent, LEPI mai 2015, n° EDPI-215075-21505, p. 6.

421) Éric GARAUD, La réserve tacite d'agrément du cocontractant cesse d'être invocable une fois que les volontés se sont rencontrées, LPA 13 oct. 2014, n° PA201420405, p. 8.

422) ***Pourquoi l'exposant accepté dans un salon professionnel pourrait-il quand même agir en justice contre l'organisateur de ce salon ?*** (422)

Parce qu'il entendra contester l'emplacement reçu, car éloigné des allées les mieux fréquentées.

423) ***Qu'est-ce que l'organisateur de salon reproche-t-il parfois à quelques exposants ?*** (423)

Il pourrait reprocher à l'exposant l'indigence du stand mis en place. Pire, il s'y trouvera peut-être que les produits présentés ne soient pas des originaux, mais plutôt d'illicites contrefaçons.

424) ***Que fera certainement l'organisateur de salon en cas de suspicion de contrefaçons chez un exposant ?*** (424)

L'expulsion sera certainement une mesure conservatoire contre cet exposant répréhensible. Les titulaires des marques contrefaites (informés) pourront agir en contrefaçon devant la juridiction compétente.

---

422) Cyril GRIMALDI, Inexécution contractuelle et brutalité de la rupture d'une relation commerciale établie, LEDICO déc. 2018, n° 111t1, p. 4.

423) Yves Serra, L'action en concurrence déloyale n'exige pas la constatation d'un élément intentionnel, D. 2001. 1312.

424) Pierre LANGLAIS, Compétence du juge français pour des faits de contrefaçon commis dans le reste de l'Union européenne, LEPI mars 2021, n° 113x9, p. 7.

425) *Pourquoi peut-on dire que le contrat d'exposant est un contrat d'adhésion ?* (425)

Parce que ce contrat prévoit des clauses que la société exposante doit se contenter d'accepter (ou de refuser).

Autrement dit, ce n'est pas un contrat négocié point par point par chacun des deux cocontractants.

426) *Qu'est-ce qui, d'entre les organisateurs d'exposition et les exposants sont les cocontractants des parcs d'exposition ?* (426)

Ce sont les organisateurs d'expositions qui sont les cocontractants des parcs d'exposition. Contre paiement, les premiers reçoivent des seconds des créneaux d'un ou plusieurs jours pendant lesquels organiser la manifestation commerciale projetée.

Ensuite, les sociétés qui veulent exposer s'adressent à l'organisateur de l'exposition où elles pourront promouvoir leur image et, donc, leurs ventes.

427) *Quels contractants parviennent souvent à faire modifier (à l'organisateur) ses clauses du contrat d'exposant ?* (427)

Ce sont les multinationales et les Groupements d'Intérêt Économique (GIE) ; lesquels regroupent, en leur sein, des structures qu'ils

---

425) Lionel ANDREU, Le nouveau contrat d'adhésion, AJ contrat 2018. 262 ; Thierry REVET, Les critères du contrat d'adhésion, D. 2016. 1771.

426) J.-M. PASTOR, Nullité de contrats en cascade, D.A. 11 décembre 2008.

427) Denis MAZEAUD, Régime de la violence économique, D. 2002. 2844 ; Bernard EDELMAN, De la liberté et de la violence économique, D. 2001. 2315.

représentent et auxquelles ils peuvent par exemple sous-louer leur stand d'exposition.

428) *Quel texte fonde l'organisation des foires et salons en France ?* (428)

Il s'agit de l'ordonnance 2004-274 du 25 mars 2004 qui a remplacé une précédente ordonnance de 1945.

L'ordonnance nouvelle a d'ailleurs été fondue dans le Code de commerce.

429) *Quel est le plus grand parc français d'exposition ?* (429)

C'est Paris Expo Porte de Versailles. Il se trouve dans le 15ème arrondissement de la ville de Paris.

430) *Quelle exposition internationale le Gouvernement a-t-il renoncé à organiser en France et pourquoi ?* (430)

Il s'agit de l'Exposition Universelle de 2025.

La raison mise en avant par le Chef du gouvernement est le coût pour les finances de l'État. C'est vrai qu'il aura fallu assurer la sécurité des

---

428) Marc KECHICHIAN, Art. 2 - Foires et salons 29, Répertoire de droit pénal et de procédure pénale / Police des marchés Pén. Mise à jour de mars 2011; A. SEVINO, Foires et salons - Déclaration de manifestations commerciales, Tourisme et Droit 2004, n°59, p.9 ; A. SEVINO, Foires et salons, Responsabilité de l'organisateur, JA 1998, n°190, p.5.

429) Décret n° 2022-370 du 16 mars 2022 instituant une aide visant à favoriser l'attractivité des principaux salons et foires français dans le contexte de la crise de la covid-19..

430) Erwan ROYER, Exposition universelle, 25 milliards d'euros, JT 2015, n°181, p.10.

visiteurs et, avant, réaliser des bâtiments, ainsi qu'une liaison par métro.

431) ***Qu'est-ce qui a justifié le procès entre la société Christian CARBONNIERES et la société COMEXPO Paris à l'issue duquel la Cour de cassation a rendu un arrêt le 15 septembre 2009 ?*** (431)

C'est le refus d'une place d'exposant par COMEXPO à la société Christian CARBONNIERES, contrairement aux années précédentes.

432) ***Quelle somme la société COMEXPO a-t-elle dû verser à la société Christian CARBONNIÈRES à l'occasion de la rupture de leur relation d'affaires ?*** (432)

Les dommages-intérêts auront été de 25.000€.

Pour les juges, la société candidate à l'exposition de sa production vinicole avait subi un préjudice en ayant été éconduit d'une année sur l'autre.

---

431) Benoît GRIMONPREZ, Salons de vins : on n'évince pas brutalement les vieux participants ! LPA 9 nov. 2009, p. 7.

432) Cour de cassation, Com., 15 septembre 2009 / n° 08-19.200 .

433) *Qu'est-ce que l'exposant refusé aura tendance à reprocher aux organisateurs notamment comparativement aux concurrents admis ?* (433)

Le candidat refusé aura tendance à croire qu'il a été victime d'une discrimination. Et pourtant, lorsqu'il est accepté, jamais il ne se dit qu'il aura bénéficié d'un favoritisme.

La discrimination démontrée est un délit puni par le Code pénal. Il s'agit de trois ans d'emprisonnement et 45.000€ d'amende.

Attention, si l'auteur de l'infraction est une personne morale, son amende est quintuplée par rapport à celle d'une personne physique (ici : 225.000€).

434) *A priori, quelles deux conditions minimales sont-elles attendues du candidat à une exposition ?* (434)

Il faut déposer sa candidature dans les délais impartis. D'un autre côté, il faut que le produit à exposer relève de ceux prévus par la manifestation.

On peut certainement y ajouter la solvabilité ; il faut en effet être capable d'occuper la place attribuée et payer le prix prévu.

---

433) Cour d'appel de Paris 18 juin 2024, Salon Eurosatory : une consécration des actes de gouvernement au détriment des engagements internationaux français ? AJ pénal 2024. 468.

434) Emmanuèle Pierroux, « Our Body, à corps ouvert », l'exposition fermée, Gaz. Pal. 28 mai 2009, p. 2.

435) *Comment s'explique souvent l'obtention prioritaire d'un créneau par l'organisateur d'exposition (de la part du parc d'exposition) ?* (435)

La première explication est que le gestionnaire et l'organisateur se connaissent déjà ; ils ont intérêt à poursuivre leur relation commerciale jusque-là fructueuse.

De plus, pour des manifestations périodiques (annuelles, biennales, triennales, etc.), l'organisateur doit fidéliser ses exposants, de même que les visiteurs. Il serait ainsi malheureux qu'un salon donné ait lieu tantôt en automne, tantôt en été, etc.

En l'occurrence, les concurrents insatisfaits ne pourront pas victorieusement invoquer le délit de discrimination ou celui d'abus de position dominante.

436) *Pourquoi nombre d'opérateurs internationaux hésitent-ils à participer aux foires et salons organisés à l'étranger, particulièrement en Chine ?* (436)

Parce que les concurrents chinois procèdent alors à la copie illicite de leurs produits.

Or, bien souvent ces produits ne sont pas encore déclarés aux organismes protecteurs des brevets et marques.

---

435) Jacques MESTRE, De quelques apparences ou illusions contractuelles, RTD civ. 1992. 557.

436) Yves DOLAIS et Jin BANGGUI, Le droit en Chine : vers une légalité formelle et effective, Gaz. Pal. 17 juill. 2004, p. 7.

437) *Quelles sanctions le Code de la Propriété Intellectuelle (CPI) prévoit-il contre les contrefacteurs (de produits originaux) ?* (437)

L'utilisation sans autorisation d'une œuvre originale protégée est une contrefaçon.

Et une contrefaçon est un délit puni de 3 ans d'emprisonnement et de 300.000€ d'amende. En cas de récidive, ces peines sont portées à 5 ans et 500.000€.

Le plagiat ou l'utilisation unilatérale des œuvres est possible, sans autorisation, dans quelques cas. Par exemple : les courtes citations ; les copies pour usage privé ; etc.

438) *Que font les organisateurs d'une exposition lorsqu'il constate que les produits de l'un des exposants sont des contrefaçons ?* (438)

Ils l'expulsent de la manifestation et ne l'invitent plus par la suite.

Le problème en Chine a longtemps été que les exposants étaient majoritairement des contrefacteurs.

---

437) Chloé CHIRCOP et Floriane CODEVELLE, Un nouveau rappel du strict cadre légal de l'évaluation du préjudice en matière de contrefaçon, Dalloz IP/IT 2023. 469.

438) Quang-Minh LEPESCHEUX, Les salons professionnels : cheval de Troie des contrefaçons ou sanctuaire du vrai ? Gaz. Pal. 6 nov. 2008, p. 22.

B. – Les procès entre l'exposant et des tiers.

439) *Quels procès sont envisageables par un exposant (hormis ceux contre l'organisateur du salon professionnel) ?* (439)

Il y a deux grandes catégories de motifs de procès, ou tout du moins des personnes attaquées en justice ; soit des professionnels, soit des visiteurs.

D'une part, les professionnels chargés de l'édification du stand ou du transport des produits vers ce stand. Car, des retards, des malfaçons ou des dégradations sont à craindre.

D'autre part, les visiteurs ayant passés commande pourront vouloir se rétracter. Or, le droit à rétractation d'une vente signée lors d'un salon n'est admis que dans de rares cas.

440) *En droit, comment s'appelle le contrat par lequel l'exposant obtient d'un prestataire qu'il lui construise son stand ?* (440)

C'est juridiquement un contrat d'entreprise ou louage de service selon l'article 1710 du Code civil.

---

439) Philippe MALINVAUD et Bernard BOUBLI, Contrat d'entreprise. Délais. Retard. Imputabilité, RDI 1992. 69.

440) Sarah FARHI, Chapitre 13 - Le contrat d'entreprise de droit commun, Droit des contrats spéciaux, sept. 2024, Lextenso.

441) *Qu'est-ce qu'un contrat de louage d'ouvrage, ou contrat d'entreprise ?* (441)

D'après le Code civil (art. 1710) c'est *« un contrat par lequel l'une des parties s'engage à faire quelque chose pour l'autre, moyennant un prix convenu entre elle ».*

Par exemple réaliser la maison voulue. L'on ne saurait donc confondre le contrat d'entreprise avec le contrat de société.

442) *Si un stand d'exposition n'est pas installé à temps, l'exposant pourra-t-il faire jouer la responsabilité pénale, la responsabilité contractuelle ou plutôt la responsabilité quasi-délictuelle ?* (442)

Lorsque, entre la victime et le responsable il existe un contrat, et que le préjudice résulte de la mauvaise exécution de ce contrat, l'on n'a pas le choix.

On ne peut utiliser que la responsabilité contractuelle, laquelle donnera droit une indemnité du moment que le résultat promis n'aura pas été atteint.

Néanmoins, les juges appliquent le principe du dommage prévisible (moins généreux), et non pas le principe de la réparation intégrale (de la responsabilité pour faute).

---

441) Bernard Boubli, Le contrat d'entreprise porte sur un travail spécifique, RDI 2003. 343.

442) Gilles Goubeaux et Pierre Voirin, Sous-titre 1 - La responsabilité extracontractuelle, Droit civil - Tome 1, août 2024, Lextenso.

443) ***Comment s'appelle le contrat par lequel une personne physique ou morale promet à l'exposant d'acheminer ses produits jusqu'au lieu d'exposition ?*** (443)

C'est le contrat de transport.

444) ***Selon le Code des transports (article L1432-2, 3°), combien de personnes, et lesquelles, peuvent être impliquées dans un contrat de transport ?*** (444)

Quatre personnes peuvent ainsi être impliquées.

Il s'agit : de l'expéditeur ; du commissionnaire ; du transporteur ; et du destinataire.

445) ***Quand parle-t-on de transport privé de marchandises plutôt que de transport public de marchandises ?*** (445)

Selon l'article L1000-3 du Code des transports, il faut parler de transport privé de marchandises dans deux cas :

1) la personne elle-même procède au déplacement de ses biens d'un point géographique à un autre ;

---

443) Jean ARIÉ Lévy, Quand une vente de matériaux à un consommateur imite le contrat de transport terrestre, GPL 3 sept. 2024, n° GPL466z2.

444) Eric CHEVRIER, Destinataire du transport : il y a l'avant et l'après 1998, D. 2003. 1164.

445) Jocelyne VALLENSAN et Florent PETIT, Existe-t-il une théorie du contrat de transport ? LPA 28 nov. 2012, n° PA201223808, p. 37.

2) un professionnel s'en charge pour lui, mais dans le cadre d'un déménagement. Autrement, il faut parler de transport public (de marchandises ou de personnes, selon le cas).

446) *A quel principe juridique déroge le droit de rétractation conféré aux particuliers (aux consommateurs) s'agissant de contrat de vente ?* (446)

C'est le principe de consensualisme. Celui-ci est illustré par l'article 1583 du Code civil.

On y lit que la vente « *est parfaite entre les parties, et la propriété est acquise de droit à l'acheteur à l'égard du vendeur, dès qu'on est convenu de la chose et du prix, quoique la chose n'ait pas encore été livrée ni le prix payé* ».

447) *Si l'exposant et le consommateur habitent des départements différents, quelle juridiction sera compétente pour juger leur litige ?* (447)

Il s'agira du tribunal du défendeur. Il appartient au justiciable qui attaque de se déplacer vers le tribunal du domicile de son adversaire. L'adresse de la société exposante permettra de savoir dans quelle se rendre.

---

446) Jérôme HUET, Exception au droit de rétractation du consommateur pour un concert réservé par l'intermédiaire d'une plateforme, RDC déc. 2023, n° RDC201r0 ; Hervé LÉCUYER, Promesse synallagmatique : droit de rétractation et calcul du délai, DEF 27 févr. 2025, n° DEF224h3.

447) Agnès PIMBERT, 2 - La compétence territoriale, L'essentiel du droit des assurances, juin 2024, Lextenso.

Au choix du consommateur, l'affaire sera traitée soit par le tribunal judiciaire, soit par le tribunal de commerce. Bien entendu, le litige entre commerçants relèvera du tribunal de commerce.

448) *Quelle est, depuis la loi Hamon de 2014, le nouveau délai de rétractation ?* (448)

Il est de 14 jours, soit le double du délai antérieur.

Selon le Code de la consommation (art. L221-18), « *Le consommateur dispose d'un délai de quatorze jours pour exercer son droit de rétractation d'un contrat conclu à distance, à la suite d'un démarchage téléphonique ou hors établissement, sans avoir à motiver sa décision ni à supporter d'autres coûts que ceux [du transport]* ».

449) *Le visiteur (le consommateur) qui a passé commande lors d'un salon a-t-il en principe le droit de se raviser et donc de faire avorter le contrat envisagé ?* (449)

Non, le droit de rétractation n'a pas cours dans les foires et salons.

Sauf dans deux hypothèses, dont l'une provient de la commission d'une faute par le professionnel.

---

448) Thibault de Ravel d'Esclapon, La loi Consommation décryptée, D.A. 1 avril 2014.

449) Jean-Denis Pellier, Retour sur le droit de rétractation dans les foires commerciales, RDC sept. 2020, n° 117b2, p. 102 ; Mathias Latina, La renonciation aux effets de l'exercice du droit de rétractation, RDC déc. 2020, n° 117e5, p. 17.

450) *Dans quels deux cas un consommateur bénéficie-t-il du droit de rétractation après une commande dans un salon professionnel ?* (450)

D'une part, si le professionnel n'a pas informé le consommateur de l'absence de droit de rétractation. Une information qui doit être écrite en gros sur le stand et sur le bon de commande.

Le second cas de rétractation est celui où le consommateur devait financer l'achat au moyen d'un crédit. S'il ne l'obtient pas, alors la vente devient caduque. C'est l'effet des contrats liés (ou du crédit affecté). Cf. Code de la consommation, article L311-36.

§ 2. – L'occupation d'un local communal, d'une rue ou d'une place.

PLAN :

A. – Une redevance obligatoire au profit de l'Administration propriétaire.

B. – Le caractère précaire de l'occupation du domaine public.

A. – Une redevance obligatoire au profit de l'Administration propriétaire.

451) *Dans quel but une entreprise peut-elle vouloir utiliser le domaine public ?* (451)

Par exemple dans le but d'installer une friterie, ou un kiosque à journaux, pour une durée plus ou moins longue. Il pourrait aussi s'agir de bénéficier d'une place (d'un étal) de marché. De même, une société

---

450) Idem.

451) CONSEIL D'ÉTAT 23 mai 2012, De l'art de combiner la valorisation du domaine public à la liberté du commerce et de l'industrie et au droit de la concurrence, AJCT 2012. 445.

de production peut souhaiter bloquer une rue pour le tournage d'un film.

Une semblable occupation du domaine public est également envisageable de la part d'une société productrice de spectacles qui désirerait en présenter sur une place ou dans un jardin public.

452) *Faut-il payer pour toute utilisation professionnelle d'une composante du domaine public ?* (452)

La réponse positive est donnée par le Code Général de la Propriété des Personnes Publiques (CG3P, Art. L2125-1).

Le principe est que : « *Toute occupation ou utilisation du domaine public d'une personne publique [...] donne lieu au paiement d'une redevance sauf lorsque l'occupation ou l'utilisation concerne l'installation par l'État des équipements visant à améliorer la sécurité routière ou nécessaires à la liquidation et au constat des irrégularités de paiement de toute taxe perçue au titre de l'usage du domaine public routier* ».

---

452) Louise CADIN, Gratuité n'est pas (nécessairement) libéralité, AJDA 2024. 1758 ; Norbert FOULQUIER, Les nouvelles limites au caractère onéreux des autorisations domaniales, RDI 2008. 218.

453) *Échappera-t-on à l'obligation de payer en s'installant unilatéralement (sans autorisation) sur un terrain de l'administration ?* (453)

Non. Outre les amendes (de grande voirie), l'occupant versera un rappel de redevances.

Comme dit le Conseil d'État, « *le gestionnaire d'une dépendance du domaine public est fondé à réclamer à un occupant sans titre, à raison de la période d'occupation irrégulière, une indemnité compensant les revenus qu'il aurait pu percevoir d'un occupant régulier pendant cette période* » (CE, 15 mars 2017, société Casinotière du Littoral Cannois c/ maire de Cannes).

454) *Si l'administration n'a pas en général le droit de faire des cadeaux à des personnes privées, cette possibilité est-elle envisageable entre personnes publiques ?* (454)

Oui, exceptionnellement, dans le cadre du contrat administratif dénommé offre de concours. Sinon, de façon générale, les donations entre service sont à proscrire.

La règle a été précisée (par le Conseil d'État) dans un procès opposant deux structures gestionnaire d'un service public : le service départemental d'incendie et de secours (SDIS) de l'Hérault et la Chambre de Commerce et de l'Industrie (CCI) de Montpellier.

---

453) Jean Philippe Orlandini, Taxe trottoir : quand attendre sur le domaine public n'est pas l'occuper, LPA 16 juill. 2014, n° PA201414105, p. 14 ; Conseil d'État 1 juillet 2019, Fixation de l'indemnité d'occupation sans titre du domaine public, Lebon 2019.

454) Conseil d'État 4 décembre 2024, Véhicules de police et de gendarmerie et redevance de stationnement : mode d'emploi, AJDA 2024. 2294.

455) *En quoi aura consisté le contentieux impliquant le service départemental d'incendie et de secours (SDIS) de l'Hérault et la Chambre de Commerce et de l'Industrie (CCI) de Montpellier ?* (455)

Dans cette affaire, il se trouve que La CCI s'était entendue avec le SDIS de façon que celui-ci assurât la sécurité incendie dans un aéroport : six sapeurs-pompiers devaient être mis à disposition.

La convention prévoyait qu'en cas de non-renouvellement par l'un ou l'autre des cocontractants, le dénonciateur (démissionnaire) devrait une indemnité égale à cinq fois le montant payé pendant l'année précédente. En l'espèce, c'est la CCI qui avait à verser au SDIS une somme de 5.801.330€.

C'était finalement les recettes qu'il aurait perçu durant les cinq années suivantes. Sauf que là, il n'avait plus à mobiliser de sapeurs-pompiers au profit de la CCI. D'après le Conseil d'État, cette somme était manifestement disproportionnée au préjudice causé au SDIS par le non-renouvellement.

456) *Sur quel fondement juridique la CCI de Montpellier a-t-elle échappé à sa clause de contrat l'obligeant à verser une énorme somme (indemnisation) au SDIS de l'Hérault ?* (456)

La clause correspondante aura été jugée nulle (par le Conseil d'État, 22 juin 2012), *« en vertu de l'interdiction faite aux personnes publiques de consentir des libéralités [des donations] »*.

---

455) Conseil d'État, 22 juin 2012, n° 348676.

456) https://www.adden-leblog.com/un-contrat-administratif-ne-saurait-prevoir-au-detriment-de-la-personne-publique-une-indemnite-de-resiliation-ou-de-non-renouvellement-manifestement-disproportionnee/

457) *Quelles personnes publiques peuvent échapper (par exception) à l'obligation de payer une redevance pour utilisation du domaine public d'une autre personne publique ?* (457)

Il y a essentiellement l'État lui-même, ainsi que ses déclinaisons (régions, communes, etc.).

458) *Quelles personnes morales de droit privé sont-elles susceptibles d'échapper à l'obligation de verser une redevance pour utilisation du domaine public ?* (458)

Selon la loi, *« l'autorisation d'occupation ou d'utilisation du domaine public peut être délivrée gratuitement aux associations à but non lucratif qui concourent à la satisfaction d'un intérêt général »*.

---

457) Conseil d'État 31 octobre 2007, L'implantation par l'État de radars automatisés sur le domaine public routier départemental ne donne pas lieu à redevance, Lebon 2007.

458) Conseil d'État 18 mars 2024, La mise à disposition gratuite d'un local pour l'exercice d'un culte n'est pas une libéralité, Lebon 2024 ; Cour administrative d'appel de Marseille 6 décembre 2004, Pas d'autorisations de voirie à titre gratuit sur les dépendances du domaine public maritime sauf pour les organismes à but non lucratif, Lebon 2004.

459) ***Pourquoi est-il certain qu'une université publique (par exemple le GEA IUT de l'ULCO) qui se réserverait une rue pour une manifestation d'une demi-journée devrait payer pour cette occupation ?*** **(459)**

Parce que telle est le principe général. L'exception serait que cette manifestation vise à satisfaire un besoin d'intérêt général.

460) ***Quel est le fondement de l'exclusion éventuelle du paiement d'une redevance par l'utilisateur du domaine public ?*** **(460)**

Ce serait l'organisation d'une manifestation commandée par l'intérêt général ; c'est-à-dire par la nécessité de satisfaire un besoin ressenti par une grande partie de la population.

---

459) Jean-Marc Pastor, La seule gratuité n'est-elle pas une libéralité ? D.A., 27 mars 2024 ; Erwan ROYER, L'occupation gratuite du domaine public : réalité ou intention de principe ? JA 2008, n°385, p.26.

460) COUR ADMINISTRATIVE D'APPEL DE MARSEILLE 15 octobre 2024, Domaine public, laïcité et intérêt public local - Gratuité ne vaut pas nécessairement libéralité, AJDA 2024. 2282.

461) *Comment se fixe (critères) la redevance due à l'administration pour utilisation de son bien ?* (461)

Le montant à payer par l'occupant du domaine public est savamment calculé.

L'administration compétente tient compte des avantages de toute nature que l'autorisation procurera logiquement au demandeur (CG3P, art. L2125-3).

462) *Quelle est la modalité de paiement de la redevance due à la personne publique ?* (462)

Ce paiement est en principe annuel ; sauf quand s'y opposent le montant dû, ou bien son mode de détermination (CG3P, art. L2125-4).

A cet égard, le versement d'acomptes est recommandé. D'ailleurs, la redevance est parfois exigée d'avance, et sur une période de cinq ans.

---

461) Samuel Deliancourt, Comment déterminer le montant de la redevance due par un opérateur de télécommunications occupant des dépendances du domaine public autoroutier concédé ? LPA 10 août 2012, n° PA201216004, p. 14 ; Conseil d'État 11 octobre 2004, Une redevance d'occupation du domaine public n'est pas fixée en référence à la valeur locative d'une propriété privée comparable, Lebon 2004.

462) Jean-François Giacuzzo, Le juge compétent et le droit applicable à la redevance ou l'indemnité d'occupation du domaine public, RDI 2024. 342.

463) *De quoi se compose le domaine public (des biens de l'administration) ?* (463)

L'on y trouve davantage que les terrains, les places et les rues. Il y a en effet également les bâtiments, ainsi que les des meubles spécifiquement aménagés pour convenir à la mission du service.

464) *Hormis les associations (à but non lucratif), quelles personnes morales de droit privé sont-elles susceptibles de bénéficier de l'usage gratuit d'un local public ?* (464)

Un syndicat ou un parti politique (CGCT, art. L. 2144-3).

Lors de la fixation des conditions de leur bénéfice, le maire tient compte de plusieurs facteurs : les contraintes de la gestion des propriétés communales ; les nécessités du maintien de l'ordre public ; les conditions de fonctionnement des services communaux ; la contribution financière possible des bénéficiaires. Le conseil municipal peut ainsi opter pour la gratuité complète.

---

463) CONSEIL D'ÉTAT, 13 avril 2016, Inclusion d'un bien dans le domaine public artificiel, Lebon 2016.

464) Patrick VIEU, Un mythe français : la gratuité d'usage des autoroutes, RFDA 2024. 695 ; TRIBUNAL ADMINISTRATIF DE PARIS, 11 juin 2003, Légalité du refus d'occupation du domaine public opposé à un parti politique, AJDA 2004. 108.

465) *La gratuité est-elle plus facilement envisageable en cas d'usage d'un meuble ou plutôt d'un immeuble de l'administration ?* (465)

Curieusement, la mise à disposition de biens mobiliers doit non seulement se faire à titre onéreux, mais aussi à un prix sérieux.

Ainsi, un prêt à usage (commodat) de meubles du service public ne peut être réalisée *« ni à titre gratuit, ni à un prix inférieur à la valeur locative »* (art. L. 2222-7 du CG3P).

466) *Qu'est-ce qu'est l'emphythéose ou bail empthytéotique ?* (466)

C'est un contrat de très longue durée (des décennies) par lequel le propriétaire d'un terrain laisse un locataire (l'emphytéote) y planter et bâtir contre un loyer modique, sachant qu'il bénéficiera de l'ensemble à l'échéance (la fin) de ce contrat.

---

465) Hélène HOEPFFNER, Les utilisations de l'image du domaine public mobilier, AJDA 2023. 377; Nathalie BETTIO, Focus sur le patrimoine des SDIS, AJCT 2024. 666 ; Philippe YOLKA, Les meubles de l'Administration, AJDA 2007. 964.

466) COUR DE CASSATION, 3e civ. 3 octobre 1991, Définition de l'emphytéose, D. 1991. 239.

467) *Au regard de la loi de séparation entre l'État et les Églises, que penser de la gratuité de l'occupation d'un terrain peut-être pour l'édification d'un bâtiment cultuel ?* (467)

Contrairement à l'opinion généralement répandue, le législateur permet aux collectivités territoriales de conclure un contrat en vue de la construction d'un nouvel édifice cultuel.

Mais il y a des contreparties : *« le versement, par l'emphytéote, d'une redevance qui, eu égard à la nature du contrat et au fait que son titulaire n'exerce aucune activité à but lucratif, ne dépasse pas, en principe, un montant modique »* (CE, 10 février 2017, ville de Paris c/ M. AB).

B. – Le caractère précaire de l'occupation du domaine public.

468) *Est-il envisageable qu'une entreprise privée soit exploitée par des investisseurs privés sur un terrain de l'État, de la Région, du Département ou de la Commune ?* (468)

Oui. C'est par exemple ainsi que sont exploités des baraques à frites et des kiosques à journaux au coin de rues ou sur un bout de place.

Il en va également aussi des marchés sur lesquels les commerçants installent leurs marchandises pour une journée.

---

467) CONSEIL D'ÉTAT, 19 juillet 2011, Bail emphytéotique d'une dépendance du domaine privé ou public pour la construction d'un édifice cultuel, Lebon 2011 ; Conseil d'État, 10 février 2017, Conditions de conclusion d'un BEA pour la construction d'un lieu de culte, Lebon 2017.

468) Jérémy BOUSQUET, Fonds de commerce et domaine public : le point de vue de la Cour de cassation, AJDA 2018. 1679.

469) *Une commune peut-elle mettre l'un de ses locaux à la disposition d'une structure privée (une entreprise ou une association) pour un usage peut-être payant par celle-ci ?* (469)

La réponse est positive. Néanmoins, cette mise à disposition est normalement payante. Mais, il peut exceptionnellement arriver que la mise à disposition soit gratuite, mais que le public visé par la structure privée ait à payer.

Par exemple, la place d'une ville peut être momentanément sécurisée et interdite à la circulation pour qu'un concert (payant) puisse se dérouler. Même chose pour un festival, un carnaval, une procession, une manifestation.

470) *Comment s'appelle l'ensemble composé par tous les biens de l'État (ou d'une commune, ou d'une région, ou d'un département) ?* (470)

Les meubles et immeubles appartenant à une telle personne publique porte le nom de Domaine.

Ce dernier se subdivise d'ailleurs en deux : le domaine public et le domaine privé.

---

469) CONSEIL D'ÉTAT, 7 mars 2019, Un bien du domaine privé peut être loué de façon pérenne à une association cultuelle, Lebon 2019.

470) Yves GAUDEMET, Chapitre 1 - La distinction du domaine public et du domaine privé, Droit administratif, sept. 2024, Lextenso ; Marie-Hélène PÉRO AUGEREAU-HUE et Bernard DELORME, Quand commence la domanialité publique ? Defrénois 1 juin 2013, n° 112t5, p. 46.

471) *Quels sont les deux composantes du domaine de l'État (ou de la commune, de la région, du département) ?* (471)

Ce sont le domaine privé et le domaine public.

472) *Que trouve-t-on comme biens dans le domaine privé de l'État, ainsi que dans son domaine public ?* (472)

Dans le domaine privé de l'État (ou d'une autre personne publique), l'on retrouve les biens semblables à ceux que possède une personne privée (un particulier, une association, un syndicat, une entreprise, un parti politique, une fondation).

Dans le domaine public, il y a d'un côté les biens de l'État (ou de la commune, etc.) qui sont directement accessible à la population, tels que les plages, les routes, les jardins publics. D'un autre côté, l'on classe dans le domaine public les biens semblables à ceux des particuliers, mais qui ont subi un aménagement spécial, de façon à s'adapter aux nécessités d'un service public.

C'est ainsi que la voiture de police, qui aura été adapté aux courses-poursuites avec les délinquants, relèvera du domaine public, alors qu'une autre de ses voitures du même genre (mais sans reconfiguration) relèvera du domaine privé.

Il convient de noter que la loi peut d'office classer un bien dans le domaine public ou dans le domaine privé, sans tenir compte des critères développés ci-dessus.

---

471) Idem.

472) Odile De David-Beauregard, CHAPITRE 4 - La composition du domaine public, CHAPITRE 5 - La composition du domaine privé, Droit administratif des biens, sept. 2022, Lextenso.

473) ***A propos de l'occupation privative d'une place parisienne, en quoi consiste le contentieux entre la ville de Paris et l'homme d'affaires Marcel CAMPION ?*** (473)

Marcel CAMPION est un forain. Il avait obtenu l'autorisation d'installer une roue géante comme attraction payante à Paris.

En période de Noël, un marché de Noël tenu au pied de cette installation lui permettait de drainer un nombre important de clients. Mais, le conseil municipal de la ville de Paris (à l'unanimité) lui a refusé son activité lucrative pour décembre 2017.

Ses recours en référé (en urgence) pour faire annuler la décision communale auront échoué. Dès lors, il lui aura fallu agir au fond (procès dans la longueur) pour obtenir près de huit millions d'euros d'indemnisation.

474) ***De quand date la dernière réglementation des établissements recevant du public (ERP) pour des spectacles, des banquets, du cirque, etc., (ERP) qui seraient des chapiteaux ou des structures itinérants d'au moins 16 m2 de superficie, et dont la couverture serai souple ?*** (474)

Du 18 février 2010. Il s'agit d'un arrêté.

---

473) COUR D'APPEL DE VERSAILLES 13 juin 2013, Tournez manège ! AJDI 2013. 829.

474) http://www.lagazettedescommunes.com/48108/les-chapiteaux-tentes-et-structures-itinerants-fiche-pratique/

L'exploitant doit ainsi donc respecter à la fois les règles d'occupation du domaine public et les règles relatives aux structures qui accueillent du public.

475) *De quelle juridiction relève les litiges opposant les entreprises privées à la personne publique (État, commune, etc.) relativement à leur exploitation du domaine public ?* (475)

La compétence matérielle pour le jugement des litiges relatifs au domaine public appartient à la juridiction administrative (tribunal administratif, cour administrative d'appel, Conseil d'État).

En revanche, pour les biens du domaine privé, c'est la juridiction judiciaire (Tribunal judiciaire, cour d'appel, Cour de cassation) qui est compétente.

476) *Quels deux principes juridiques offre une protection efficace du domaine public et donc sa permanence ?* (476)

Il y a l'inaliénabilité du domaine public et l'imprescriptibilité du domaine public. D'une part, le principe d'inaliénabilité interdit de vendre un

---

475) René Hostiou, Dualisme juridictionnel et contrariété de décision, AJDI 2006. 581 ; Cour d'appel de Paris, 1 avril 2008, Compétence du juge judiciaire en matière d'occupation de logement relevant du domaine privé d'une collectivité publique, AJDI 2008. 471.

476) Caroline Braud, Principes d'inaliénabilité et d'imprescriptibilité du domaine public, Répertoire de la propriété des personnes publiques, Mise à jour de janvier 2025 ; Laetitia Tranchant, Les personnes publiques peuvent acquérir par prescription, RDI 2023. 172 ; Thomas Bompard, Prescriptions et propriétés publiques, RDP 2019, p. 895 ; Guillaume Delaloy, Faut-il supprimer le principe d'inaliénabilité du domaine public ? RDP 2006, p. 575.

bien du domaine public (une plage, une forêt, une place, une rue, etc.).

En vérité, un décret (pour l'État) ou un arrêté (pour la commune) peuvent faire passer un bien du domaine public vers le domaine privé. Les opérations juridiques étant la désaffectation et le déclassement. Alors, ce bien pourra être vendu aux enchères publiques (par exemple les véhicules de l'armée).

D'autre part, le principe de l'imprescriptibilité exclut qu'au bout de d'années d'utilisation privative d'un bien du domaine, le possesseur en soit reconnu comme le nouveau légitime propriétaire. A l'inverse, l'État et les communes bénéficient de la prescription acquisitive (ou usucapion) sur la propriété privée des individus et des sociétés, associations et autres.

477) *Pourquoi le commerçant dont l'entreprise exercice son activité dans le domaine public devrait-il songer à se trouver un autre emplacement situé dans un terrain privé ?* (477)

Parce que l'occupation du domaine public est temporaire et précaire, c'est-à-dire qu'il peut y être facilement mis fin par le propriétaire de ce domaine.

Or, dans un immeuble privé, le commerçant bénéficie d'un droit au renouvellement du bail, lequel conduit à l'obtention d'une indemnité d'éviction en cas de non-renouvellement.

---

477) Yves GAUDEMET, Chapitre 1 - La distinction du domaine public et du domaine privé, Droit administratif, Lextenso, 2024 ; RÉDACTION LEXTENSO, Le domaine privé des personnes publiques, LPA 6 juill. 2017, n° 128f7, p. 3.

478) ***Une entreprise de location de véhicules (AVIS, EUROPCAR, etc.) dans une gare SNCF ou dans un aéroport fonctionne-t-elle sur le domaine public de l'État ou bien sur son domaine privé ?*** **(478)**

Comme les gares sont librement accessibles au public, il s'agit du domaine public.

479) ***Le plagiste (du littoral Atlantique ou du littoral méditerranéen, par exemple) exerce-t-il son activité commerciale sur le domaine privé de l'État ou bien sur son domaine privé ?*** **(479)**

C'est le domaine public de l'État, puisque les plages sont directement accessibles à tous. À cet égard, les propriétaires riverains doivent laisser une bande de terre permettant aux gens d'y accéder.

Certes, quelques bouts de plage sont concédés à des commerçants, par les communes (par délégation de l'État). Ces concessionnaires paient alors une redevance à la commune. L'utilisation commerciale de la plage est logiquement saisonnière, puisqu'elle correspond avec la période estivale.

---

478) François STIFANI et Philippe LÉTIENNE, Les concessions de plage. Entre rêve et réalité, le réveil et son arrière-goût de sable, LPA 12 mai 2017, n° 126g5, p. 6 ; Jacqueline MORAND-DEVILLER, Le domaine public maritime et les concessions de plages naturelles : chronique de jurisprudence LPA 31 mai 2002, p. 5.

479) Christophe DENIZOT, Location saisonnière et propriété commerciale, AJDI 2007. 129.

480) *Quelle loi a curieusement décidé qu'il pourrait désormais exister un fonds de commerce sur le domaine public, et au profit de quels types d'agents économiques ?* (480)

C'est la loi ACTPE, la loi pour l'artisanat, le commerce et les très petites entreprises, du 18 juin 2014.

Elle a modifié l'article L2124-32-1 du Code général de la propriété des personnes publiques, de façon que la situation de l'occupant du domaine public soit juridiquement moins fragile, moins précaire.

481) *Quels sont les quatre raisons d'être de la loi ACTPE du 18 juin 2014 ?* (481)

Les quatre sont :

1) la dynamisation des commerces de proximité ;

2) la favorisation la diversité des commerces dans les territoires ;

3) la promotion de la qualité et des savoir-faire des artisans ;

4) la simplification et l'harmonisation des régimes de l'entreprise individuelle.

480) Elsa SACKSICK, Mélanie DENIS-VERNET, André JACQUIN, Sandra LAVERGNE, La loi ACTPE du 18 juin 2014 a-t-elle créé un fonds de commerce sur le domaine public ? Gaz. Pal. 24 nov. 2015, n° 248n9, p. 7.

481) Idem.

482) *Selon le Code général de la propriété des personnes publiques quand le commerçant est-il reconnu avoir un fonds de commerce sur le domaine public ?* (482)

La possibilité d'avoir un fonds de commerce (et donc une protection commerciale) suppose « *l'existence d'une clientèle propre* » (article L2124-32-1).

483) *Quand peut-on dire du commerçant exploitant son affaire sur le domaine public qu'il dispose d'une clientèle propre ?* (483)

Quand ses clients viennent pour lui (et non pas pour le domaine public et ses activités de service public.

Autrement dit, les clients en question ne se trouveront sur le domaine public que parce que c'est le passage obligé pour accéder à leur commerçant favori.

---

482) Aymeric Trivero, Fonds de commerce sur le domaine public : histoire d'un faux débat qui se règle par un vrai problème, LPA août 2022, n° LPA201r5.

483) Christian Pisani, Occupation du domaine public et fonds de commerce : une relation complexe, DEF 6 janv. 2023, n° DEF211p1 ; Rédaction, Fonds de commerce sur le domaine public et clientèle propre : compétence du juge administratif, Defrénois flash 6 oct. 2021, n° 201u7, p. 13.

484) *Quelle est la conséquence de la reconnaissance d'un fonds de commerce au profit de la personne exerçant son activité professionnelle privée sur le domaine public ?* (484)

Comme il s'agit pour l'exploitant d'un avantage patrimonial supplémentaire, la redevance à payer sera calculée en en tenant compte. Il n'y aura cependant pas à son profit de droit au renouvellement du bail commercial ; parce qu'il n'y a pas du tout de bail (de droit privé).

Néanmoins, la loi dit qu'il y a (un) fonds de commerce. Dès lors que celui-ci est perdu par le commerçant évincé par la personne publique propriétaire, une indemnisation est à prévoir. Elle s'inspirera de celle pratiquée pour les fonds de commerce nés dans un local privé.

485) *Quand l'autorité domaniale peut-elle mettre fin, avant son terme, à un contrat portant autorisation d'occupation du domaine public ?* (485)

Dans deux cas.

Soit un motif d'intérêt général ; soit une faute du cocontractant.

---

484) Conseil d'État, 24 novembre 2014, Aucun fonds de commerce n'a pu être créé sur le domaine public avant la loi Pinel, Lebon 2014 ; Jean-François Giacuzzo, La neutralisation du fonds de commerce sur le domaine public, RDI 2022. 293.

485) Jean-Christophe Car, Comment protéger le domaine public d'un occupant privatif qui ne respecte pas les conditions d'occupation ? LEDIU déc. 2024, n° DIU202t7 ; Nathalie Finck et Samuel Seroc, Méconnaissance d'une condition attachée à l'autorisation d'occupation du domaine public, GPL 19 nov. 2024, n° GPL469x3.

486) ***En quel cas le commerçant peut-il prétendre à une indemnisation de la part de la personne publique titulaire du domaine public qui ne veut plus de lui sur ledit domaine ?*** **(486)**

Au cas où il est évincé alors qu'il n'aura commis aucune faute susceptible de justifier son triste sort économique.

Son indemnité sera plus forte encore si sa mise à l'écart n'est pas justifiée par la nécessité d'une utilisation autre (intérêt général) du domaine public.

---

486) Fabien KENDÉRIAN, Résiliation d'un contrat comportant occupation du domaine public : la compétence revient finalement à la juridiction administrative ! Gaz. Pal. 10 oct. 2017, n° 304t9, p. 64 ; CONSEIL D'ÉTAT, 15 avril 2011, L'occupation sans titre du domaine public constitue toujours une faute, AJDA 2011. 820.

Index alphabétique

Index alphabétique

Table des matières

Fin du livre

www.ingramcontent.com/pod-product-compliance
Lightning Source LLC
LaVergne TN
LVHW060026210926
848481LV00013B/3797
9791097723224